날마다 한 생각
A Thought for the Day

마하트마 간디 지음/ 함석헌·진영상 옮김

날마다 한 생각(개정판)

2014년 2월 13일 개정 초판 1쇄 펴냄
2024년 5월 30일 개정 2판 2쇄 펴냄

펴낸곳 (주)도서출판 **삼인**

지은이 마하트마 간디
옮긴이 함석헌 진영상
펴낸이 신길순

등록 1996.9.16 제25100-2012-000046호
주소 03716 서울시 서대문구 연희동 220-55 북산빌딩 1층
　　　　(서울시 서대문구 성산로 312)
전화 (02) 322-1845
팩스 (02) 322-1846
전자우편 saminbooks@naver.com

표지 본문 디자인 끄레 어소시에이츠
제판 문형사
인쇄 대정인쇄
제책 은정제책

ISBN 978-89-6436-161-0 03890
값 11,000원

ⓒ함석헌, 진영상 2001

날마다 한 생각
A Thought for the Day

마하트마 간디 지음/ 함석헌·진영상 옮김

삼인

차례

마음을 씻는 생각 **함석헌** 9
책을 엮으면서 **아난드 힝고라니** 16

생각 1 (1944. 1. 1 ~ 12. 31)   27
생각 2 (1945. 1. 1 ~ 12. 31)   45
생각 3 (1946. 1. 1 ~ 10. 10)   169

발문/ 왜 간디인가 **양희규** 250

마음을 씻는 생각

말씀이 있기를 이렇다. "맨 처음에 생각이 있었다. 그리고 생각이 하나님과 더불어 있었다. 하나님이 그 생각이었다. 그이가 맨 처음에 하나님과 더불어 있었다. 모든 것이 그이로 말미암아 지어졌고, 그이 아니고는 지어진 것이 하나도 없었다. 지어진 것이 그이 안에서 생명이었고, 그리고 그 생명이 사람의 빛이었다."(로고스를 이렇게 생각이라고 하면 알기가 쉽지 않을까? 노자老子의 도道도 마찬가지다.)

생각은 스스로 하는 것이요 영원무한하다.

그러나 사람은 지어진 것이다. 그러므로 올바르게 하자지만 그렇게 할 수가 없다.

그래서 공자孔子가 가운데(中)를 말했고 고르게 함(和)을 말했다. 가운데란 여기나 저기가 아니다. 여기면서 저기요 저기면서 여기인 곳이다. 고르게 함이란 함이나 아니함이 아니라, 하면서 아니하고 아니하면서 하는 지경이다.

그래서 노자가 빔(虛)을 말했고 됨(化)을 말했다. 빔이란 있음이나 없음이 아니다. 있으면서 없고 없으면서 있음이다. 됨이란 달라짐이나 그대로 있음이 아니다. 달라지면서 그대로 있고 그대로 있으면서 달라짐이다.

그래서 예수가 십자가를 졌고 새로 남을 보여주었다. 십자가란 죽음이나 삶이 아니다. 죽음으로 살고 삶으로 죽음이다. 새로 남이란 육이나 영이 아니다. 육이면서 영이요 영이면서 육이다.

그래서 석가가 반야(智慧)를 말했고 해탈解脫을 말했다. 지혜란 안다 모른다가 아니다. 앎으로 모르고 모름으로 아는 자리다. 해탈이란 이 세상이나 저 세상에 가는 것이 아니다. 이 세상이면서 저 세상이요 저 세상이면서 이 세상인 삶이다.

그래서 가장 정확하노라 자랑하던 물리학이 불확실론에 이르게 되고, 물질과 운동이 따로 있는 것 아니라 하나라고 하게 되었다.

생각하는 사람이 첨으로 일어났을 때 하나님과 우주가 따로 있지 않았고, 우주와 만물, 만물과 사람, 인생과 종교, 종교와 정치, 나라와 씨알, 나와 너가 따로 있지 않았다. 그저 산 하나가 있을 뿐이었다. 하나 둘의 하나가 아니다. 그저 두루뭉수리지. 그러므로 살았고, 빛 속에 사는 줄도 모르리만큼 살았다. 사는 줄을 몰랐으니 죽는 줄을 알았을 리가 없다. 생각은 생각하는 줄 모르게 하였고, 말은 나오는 줄 모르게 나왔으며, 행동은 하는 줄 모르게 했다. 그러니 안다 모른다, 좋다 나쁘다, 옳다 그르다, 화다 복이다, 선이다 악이다가 있었을 리 없다. 그래서 후에 와서 어렴풋이 그 광경을 상상해 보면서 "하나님이 보시기에 좋았더라" 했다. 어느 눈이 본 것 아니요, 어느 입이 말한 것 아니다. 그러므로 그 '좋아'는, 좋다 나쁘다 하는 사람의 '좋아'가 아니고, 하나님의 '좋아'이다.

그렇지만 이 세계에서는, 사람이 아는(만든) 이 세계에서는, 한정이 있는 세계이기 때문에, 사람의 생각은 가다가 (절대의) 벽에 부딪치게 마련이고, 일단 부딪치고 나면 반드시 부서져 갈라지고 제게로 되돌아올 수밖에 없다. 그래서 '나'란 것이 나오고, 하나님이란 우상이 생기고, '이럴까 저럴까'가 일어나 생각이 많아지게 되었다. 창세기의 인간 타락의 신화는 그 어간의 소식을 전하는 것이다. 벽에 부딪쳤다고 했지만 그 벽이 무슨 벽일까? 하나님 밖에 다른 무엇이 있을 수 없다. 하나님인데, 생각하는 마음이 그만 우상을 만들었기 때문에 벽이 된 것이다. 하나님은 인식의 대상이 아니다. 믿을 이일 따름이지. 다시 말하면 받아들일 하나님이지, 뜯어 보고 알 물건이 아니다. 믿으면 아는 데에 이르지만, 감히 알기부터 먼저 하려 하면 뒤집힌다. 하나님을 정면으로 보면 죽는다고 했다. 그는 그 앞에 우리가 보일 이이지 우리가 볼 것이 아니다. 그러므로 그 앞에 나아갈 때는 얼굴을 땅에 대고 엎드려야 한다. 다시 말해 자기를 전적으로 부정해야 한다. 자기를 부정하면 입으로 불러 우상화한 하나님도 사라지고 영이 된다.

 그런데 생각하는 인간이 그만 잘못 생각하여 자기를 절대 자유인 양 착각했다. 그러므로 하나님이 등을 돌리신 것이다. 하나님이 그럴 리가 없지만 사람이 스스로 그렇게 어두워진 것이다. 그래서 하나님이 변해 사탄으로 보이기 시작했다. "눈이 밝아져 선악을 알게 되었다"고 하지만, 참으로 밝아진 것이 아니라 사실은 어두워진 것이다. 살리는, 참인 선을 잃었으므로, 갈라진, 죽이는 선악이 보이게 된 것이다. 그래서 사탄에게 속았다는 것이다. 여인이 그 유혹에 넘어갔다지만, 그 '여인'이 누군가? 사람의 자아 의식, 곧 "나는 나다" 하는 생각이다. 그 생각이 하나님의 형상대로인 나를 속였다. 이로부터 모든 것이 잘못되었다.

그 "나다" 하는 나는 참 나가 아니다. 참 나는 아들로 표시되는 지경이다. 둘이면서 하나란 뜻이다. 대립이 없다는 말이다. 예수가 "내가 아버지 안에 있고, 아버지가 내 안에 계신다" 하신 지경이다. 그것은 창조의 뜻을 참으로 깨달은 말이다. 생각에서 지어져 나온 만물을 맨 첨같이 다시 살리는 말씀이다. 그러므로 그것을 "아버지께 영광을 돌린다. 아버지가 또 아들을 영화롭게 하신다"는 말로 표시했다. 생각에서 만물이 나왔지만, 생각하는 사람이 그것이 깨달으면서도, "나다" 하는 생각 때문에 잘못된 것을 그 맨 첨[元初的]의 생명으로 회복시키는 것이다. 그러지 않고는 생각하는 인간은 절대의 하나님의 압도 속에서 평안을 얻을 길이 없다.

그러므로 스스로 생각하는 인간이 하는 모든 일을 문명이요 발달이라 하지만 그것은 참말이 아니다. 모두 거짓말이다. 그렇기 때문에 첨으로 아들됨을 자각하여 다시 산 생명의 하나됨에 돌아간 예수는 인간들을 향해 "당신들은 악마의 아들입니다. 그는 정녕 거짓말쟁이며 거짓말의 아비입니다" 했다.

이제 그 거짓말의 문명과 그 철학이 절정에 이르렀다. 첫 바벨탑의 운명이 그랬던 것같이 둘째 바벨탑의 운명도 멸망일 것이다. 기술은 행동으로 하는 거짓말이다. 기술이 절정에 오른 오늘의 철학이 거의 죽은 것은 우연이 아니다. 이제 우리에게 가장 절실히 요구되는 것은 참말이다.

참말은 참 생각에서 나온다. 그 참 생각은 어디 있을까? 모든 교리와 의식, 제도를 가득히 갖춘 여러 종교들은 금으로 테를 두른 그 경전을 들고 나올 것이다. 옳은 일이다. 그렇지만 되돌려 묻고 싶은 것은, 그러면 왜 그 경전을 가지고도 이 기울어지는 담 같은 문명을 건지지 못하는가? 그러면 아마 또 대답하기를, 우리가 하고 있지 않으냐, 시대가 달라졌다, 시간이 든다 할 것이다. 그러나 그것이 바로 거짓말인 것은 이 인간주의 문명의 필연적인 산물인 농촌과 공장과 전쟁터와 유흥가에 우글거리는 인간 아닌 인간의 무리가 잘 말해 줄 것이다. 그런 거짓말을 예수 시대의 바리사이파들이 했고, 춘추 전국 시대의 제자백가가 했으며, 중세기의 성직자가 했고, 석가모니 전과 후의 모든 철학자·종교가가 해 왔다. 말의 살리는 힘이 어찌 그 글자에 있을까? 그 입에 있다. 일러 말하기를 "하나님의 입으로 나오는 모든 말씀"이라 하지 않았나? 하나님이 어찌 입이 있을까? 그의 생각으로 뚫린 사람의 입이 곧 그것 아닌가?

아주 중요한 핵심을 말하면 지금 종교에 하나님의 사람이 없다. 그것은 종교까지도 현대 문명의 물결에 휩쓸려 거기 빠져 버렸기 때문이다. 생각해 보라. 오늘의 종교 중에 국가주의에 야합하지 않은 종교가 어디 있나? 하늘나라, 혹은 하나님 나라, 부처님 나라는 사실 없지 않은가? 그 나라가 없는데 그 사람이 어찌 있으며, 그 하나님의 사람이 없는데 하나님의 말을 어찌 전할 수 있을까? 진리는 완전한 것이기 때문에 한 점이 이지러져도 죽은 것이 되어 버린다. 이것이 현대 사람이 학문주의에 기울어 잘못된 아주 치명적인 점이다. 마음을 다, 뜻을 다, 영혼을 다…… 하던 것을 다 잊어버리고 이 세상주의에 떨어져 버렸다. 그러므로 그들의 최고는 크고 작고를 서로 다투는 이 정치적인 나라지 결코 하늘나라, 진리의 나라가 아니다.

이런 때에 진영상 님과 함께 간디의 『날마다 한 생각』을 우리 말로 옮긴 것은 크게 뜻있는 일이다. 이야말로 "죽을 병에 청심환"이다. 간디처럼 제 나라를 사랑하고 제 종교에 충실한 사람이 어디 있을까? 옛날은 또 모르겠지만, 적어도 오늘 우리에게 그 숨결이 와 닿을 만치 가까운 사람은 간디뿐이다. 그런데 그 간디는 결코 정치의 사람이 아니라 생각의 사람이었다. 그는 참이 하나님이라 하리만큼 철저하고 거짓이 없었다. 그러므로 참에 반대된다면 인도印度를 버리기도 주저하지 않는다고 했다. 그랬기 때문에 그는 인도를 건질 수가 있었다. 더구나 여기 내는 글은 무슨 논문도 아니요 전략도 아니요, 순수한, 하나님 앞에서 자기 알기를 자기 신발의 티끌처럼 겸손히 여기는 마음의 사색에서 나온 생각이다. 그것은 모든 허깨비를 쫓아내고 오로지 하나님 안에서 완전히 자기를 잊고 살고 싶어하는 마음에서 솟아나온 말이다. 그것은 생명의 숨쉼이다.

그는 인류의 살 길을 보여주는 것이 없으면 인도는 존재의 의미가 없다고 생각했고, 인도를 살리는 길은 촌락을 생각하는 생명체로 만드는 데 있다고 했으며, 촌락을 살리는 길은 봉사 생활에 있고, 봉사는 참을 지켜서만 가능하고, 참은 아힘사[不殺生]를 지켜서만 기를 수 있고, 아힘사는 부라마챠랴 곧 감각주의를 극복함으로써만 가능하고, 감성의 극복은 하나님에게 전적으로 돌아가야만 할 수 있다고 믿었다.

그는 사람들에게서 '마하트마'란 존칭을 받았다. 마하트마는 성인聖人이란 뜻이다. 돌아가신 유영모柳永模 선생님은 성인을 우리 말로 '씻어 난 이'라 했다. 무엇을 씻는단 말인가? 생각을 씻음이다. 그릇된 생각으로 더러워진 생각을 씻고 씻어 영의 빛에 이름이다. 그래서 물과 영으로 다시 난다 하지 않았던가?

생각은 생각으로만 씻을 수 있다. 나라를 진정으로 사랑하고 인류의 장래를 마음 아프게 걱정하며 나 자신을 참으로 하나님께 바치고자 애쓰는 혼들에게 한번 씻음의 생명물을 권하고 싶은 마음이 간절하다.

1981년 9월 15일
함석헌

책을 엮으면서

내 생애에 많은 위기가 있었지만, 그때마다 바푸Bapu('아버지'라는 뜻의 인도 말. 글쓴이는 마하트마 간디를 '바푸'라고 부른다—옮긴이)께서 도움의 손길을 뻗어 나를 위기에서 건져 주고, 나를 '내리막길'에서 보호해 주셨다. 1943년 7월 20일에 내 아내 비댜Vidya가 세상을 떠났을 때 나로서는 가장 힘든 위기를 맞았다. 나에게는 내 아내가 바푸 다음으로 큰 영감의 원천이었기 때문이다. 바푸께서는 내 아내를 딸처럼 여기면서 진정으로 사랑해 주셨다.

그 무렵 바푸께서는 푸나의 아가칸 궁전에 억류되어 있었다. 그래서 그분이 1944년 5월 6일에 석방되실 때까지 나는 혼자 슬픔을 견뎌야만 했다. 1944년 6월 2일자 편지에서 바푸께서는 이렇게 말씀하셨다.

"이젠 슬퍼하지 말아라. 네가 배워서 알고 있는 모든 것을 동원해야 한다. 여기 어느 여인이 내게 보내준 진실한 생각을 전한다. 속으로 깨달아라. 비댜는 죽은 것이 아니라, 자기가 머물던 육체를 떠나서 자기 때에 맞는 다른 새로운 몸을 가지려고 딴 곳으로 떠났을 뿐이다."

그러면서 존경하는 카스투르바Kasturba(간디의 부인—옮긴이)가 세상을 떠났을 때 미국의 글렌 스나이더Glen E. Snyder 여사가 바푸를 위로하려고 그분에게 보냈던 아름다운 글귀를 함께 적어 보내 주셨다.

> 당신은 말할 수도 없거니와 말해서도 안 되오,
> 그녀가 죽었다고. 그녀는 떠나갔을 뿐.
> 쾌활한 미소를 머금고
> 손을 흔들며
> 그녀는 미지의 땅으로 걸어 들어갔소.
> 얼마나 아름다운지 우리를 꿈꾸게 하면서.
>
> 그녀는 그곳에 머무니 그렇게 생각하시오.
> 그래서 그녀가 살아가고 있다고 여기시오.
> 그곳도 이곳처럼 사랑하면서.
> 그녀를 그 전처럼 똑같이 생각하시오.
> 그리고 말하시오,
> "그녀는 죽지 않고 그저 떠났을 뿐"이라고.

그러나 아무리 "그녀가 죽지 않고 떠났을 뿐"이라고 믿으려 해도 아내를 여읜 슬픔을 달랠 수가 없었고, 내 마음은 계속 서글펐다. 1944년 6월 20일자로 보낸 또 하나의 기쁨의 편지에서 바푸께서는 이렇게 쓰셨다.

"비댜의 죽음을 너무 골똘히 생각하지도 말고 마음 산란해 하지도 말아라. 그가 육체로 살아 있을 때 네 삶의 영감이었다면, 그가 쉴 곳으로 간 지금은 더 큰 삶의 영감이 되어야 하지 않을까? 그것이 진정한 영혼의 결합이라고 나는 생각한다. 예수의 경우가 대표적인 예이고, 가깝게는 라마크리슈나Ramakrishna의 경우가 그렇다. 그들은 죽고 난 뒤에 더 큰 영향을 주었다. 그들의 정신이 죽지 않았듯이 비댜의 혼 또한 죽지 않았다. 그러니 슬퍼하지 말고 네 앞의 의무에 대해 생각해라."

1944년 7월 17일자 편지에서는 또 이렇게 쓰셨다.

"비댜는 위대한 성인이었어. 그의 마음은 금金 같은 마음이었지. 자기 부정에 대한 열의가 대단했고, 그의 사랑은 바다 같았지. 너는 그러한 비댜에 걸맞는 사람이 되어야 해."

바푸께서 1944년 9월 30일에 세바그람Sevagram으로 떠나신다는 소식을 듣고 나도 서둘러 세바그람으로 떠났다. 아슈람Ashram에서 바푸와 함께 보낸 여덟 주일과 그때 그분이 내게 보여주신 사랑은 결코 잊을 수가 없다. 매일 아침 기도가 끝난 뒤에 내가 그분의 축복을 받으러 발 밑에 엎드리면 동정과 위로의 말씀을 들려 주었을뿐더러, 그날 내가 명상할 말씀을 종이에 적어 주기도 하셨다. 1944년 10월 13일부터

두 주일 동안은 날마다 써 주었고, 그 뒤로도 이따금씩 써 주셨다. 그분이 그렇게 슬픔에 잠긴 내 마음을 달래려고 적어 주신 명상의 글을 몇 개만 소개해 본다.

"하나님만 바라보려는 사람은 죽은 사람이든 산 사람이든 사람을 바라보는 일은 그만두어야 하네. 자네가 이것을 이해하면 이제 더 이상 슬퍼하지 않겠지." (1944년 10월 13일)

"「다시 한 번」(Try Again)이란 시를 아는가? 포기하지 말게. 다른 믿음은 모두 허사라네. 오직 하나님만 믿게. 그것이 비댜의 죽음에서 배워야 할 것이지. 자네 사랑이 지금 시련을 겪고 있는 거네." (1944년 10월 14일)

"하나님의 은혜는 하나님의 일을 해야만 얻을 수 있다. 하나님의 일을 해야 하네. 물레질은 하고 있는가? 물레질은 모든 희생 중에서 가장 위대한 희생이지. 울면서도 물레질을 해야 하네." (1944년 10월 15일)

"모든 일은 평화와 안정 속에서 가능하다. 물레질은 배고프고 괴로운 사람들의 위안이요 또한 밥과 의복이지. 슬픔 가운데서도 물레질을 포기해서는 안 되네." (1944년 10월 16일)

"한 순간도 헛되지 않게 그날 그날의 일을 배정해야 한다.

이것이 떠난 사람에 대한 진정한 사랑이다. 영국 사람들을 보게. 그들도 그 사랑하는 사람을 사랑하지만 그들은 그 사랑하는 사람을 잃으면 오히려 더욱더 봉사하는 데 자기를 바친다네."(1944년 10월 17일)

"죽은 사람이 산 사람과 의사 소통을 한다고 분명히 말할 수는 없지만, 산 사람이 죽은 사람에게 영향을 미친다는 사실에는 의심의 여지가 없다. 그러니 우리는 가까운 사람이 죽었다고 해서 울어서는 결코 안 된다."(1944년 10월 18일)

"하나님의 은혜는 하나님의 일을 해야 얻을 수 있다. 하나님의 일은 가난한 사람을 위하여 생각하고 말하고 행동으로 봉사함으로써 할 수 있다."(1944년 10월 18일)

"가난한 사람이 자네의 처지라면 어떻게 할까 생각해 보게. 그가 만일 아내를 잃었다면 전보다 두 곱절이나 일해야 하네. 가난한 사람도 하나님의 사람이 아닌가. 내면의 기쁨은 하나님의 일을 함으로써 얻는다네. 늘 가난한 사람의 처지에서 생각하고 행동해야 하네. 그리고 자네의 귀먹음도 하나님의 축복으로 여겨야 해. 한 순간이라도 게으르게 지내는 것은 하나님의 것을 도둑질하는 일이지. 나는 이밖에 내적으로나 외적으로나 행복에 이르는 다른 어떤 길도 모르네."(1944년 10월 19일)

"오늘은 자네에게 경사스런 날이다. 나는 자주 비댜를 울렸네. 비댜는 자네처럼 울곤 했지. 자기에게 하나님을 보여달라고 조르면서 말이야. 그러면 나는 그를 꾸짖으며, 물레 바퀴에서 하나님을 볼 수 있지 내 곁에 앉아서는 하나님을 볼 수 없다고 말해 주었네. 마침내 그는 그 진리를 깨달았어."(1944년 10월 20일)

"우리는 기계를 운전하는 사람인 동시에 기계이기도 하다. 우리의 몸은 하나의 기계이고 영혼은 그 기계를 움직이는 사람이다. 오늘 자네는 기계 같은 일을 자네 몸으로 택해서 나에게 보고해야 한다."(1944년 10월 20일)

"사람이 무슨 대상을 놓고 명상하든지 그것을 통해서 하나님을 보게 된다. 물레 바퀴는 그 중 가장 좋은 매개체이고 그 결과 또한 분명 그렇다."(1944년 10월 21일)

"아슈람 같은 단체가 존재하는 것은 사람이 그 자신과 같은 사람들의 도움이 필요하기 때문이다. 개인적인 교제를 통해서만 도움을 받을 수 있는 것은 아니다. 어떤 사람은 편지 왕래나 명상을 통해서도 도움을 받을 수 있다. 그리고 우리가 날마다 툴시다스Tulsidas(간디가 영향을 많이 받은 라마야나의 작자)에 의지하여 살아가듯이, 돌아간 이들의 성스러운 말씀으로 사는 사람들도 있다."(1944년 10월 21일)

"희망은 영원하다. 그에 대한 예배는 결코 헛되지 않다."
(1944년 10월 22일)

"자네가 나와 함께 있을 때 아무런 해도 없다. 그러나 나와 함께 있을 때는 마하데브Mahaderv(간디의 제자)나 크리파라니Kripalani(간디의 제자)처럼 타그리Takli를 열심히 해야 한다. 그래야 하나님의 시간을 도둑질하지 않게 된다. 타그리는 우리의 침묵의 벗이다. 이는 시끄러운 소리를 내지도 않고 세상에 필요한 실[絲]을 제공해 준다. 타그리를 열심히 하는 동안은 모든 것을 들을 수 있고 볼 수 있다. 이런 방법으로 일에 몰두한다면 하나님의 은총으로 자네 귀가 밝아질 수도 있다고까지 말할 수 있다. 그러나 이와 같이 카르마 요기Karma Yogi가 될 때면 자네는 자네의 귀에 대해서는 거의 상관하지 않게 될 것이다. 나의 바나르 선생(Vanar-Guru)은 일부러 귀를 막았다. 주위의 시끄러운 소리를 듣지 않으려고 말이야."
(1944년 10월 23일)

"나의 침착함과 나의 기쁨은 하나님을 전적으로 의지하는 데서 비롯한 것이다. 다시 말해 진리에 대한 흔들림 없는 믿음에서 나온 것이다. 나는 내 자신의 힘으로는 아무것도 할 수 없음을 안다. 나는 하나님 안에 있고, 내가 하는 것은 무엇이든 하나님의 명령에 따른 것이다. 그러니 어떻게 불행해질 수 있겠는가? 하나님께서 나를 통해 하시는 일은 무엇이든 모두 나의 선善이 된다는 것도 안다. 이 모든 것을 알기 때문에 나는 행복을 지킬 수가 있다. 하나님이 내 아내 카스툴바를 데려가신 것은 카스툴바의 선을 위한 것이다. 그렇기 때문에 아내와 헤어진 것이 나에게는 슬픔이 될 수 없다. 마찬가지로 자네도 비다의 죽음을 슬퍼하는 것이 죄가 됨을 알아야 한다."(1944년 10월 24일)

이와 같이 바푸께서는 내 어지러운 마음에 평화를 가져다 주려고 마음의 양식을 계속 주셨다. 그뿐만 아니라 내 몸의 건강에도 관심을 기울여, 내가 안드라 프라대쉬Andhra Pradesh의 비마바람Bhimavaram에서 자연 요법 과정을 이수하도록 해 주셨다. 그 과정을 밟기 위해 나는 1944년 11월 28일 그분 곁을 떠나야 했다. 내가 그 동안 바푸와 친밀한 동무가 되어 그분과 영감 넘치는 대화를 나눌 만큼 자랐다고는 해도, 바푸와 헤어지는 것은, 그분의 뜻에 따른 것이긴 하지만, 몹시 어려운 일이었다. 그래서 어쩔 줄 몰라하며 당황하다가 한 가지 묘안을 떠올렸다. 날마다 좋은 글을 써서 보내 달라고 바푸께 부탁 드릴 수 있지 않을까? 다음날 아침 일찍 그분께 이 생각을 밝혔다.

바푸께서는 아버지처럼 내 말을 귀기울여 듣고는 "참 좋은 제안이다" 하며 생각해 보겠노라고 하셨다. 바푸의 호의적인 대답에 비로소 마음이 안정되었다. 그 다음날 아침에 다시 부탁 드렸더니 여전히 생각중이라고 하셨다. 그래서 셋째날에 가서는, 언제나 생각이 떠오르면 곧바로 쓰실 수 있도록 적당한 종이 한 첩을 마련해서 바푸 옆에 갖다 놓겠다고 말씀 드렸다. 마침내 바푸께서는 그러겠노라고 하셨고, 나는 종이첩을 마련하여 1944년 11월 16일에 바푸께 갖다 드렸다. 그 다음 며칠 동안 잠잠히 있으면서 모든 일을 바푸가 뜻대로 하시도록 맡겨 두었다. 1944년 11월 22일 아침 바푸가 밝게 웃으며 다음과 같이 말씀하셨을 때 내가 느낀 희열은 무엇이라 말로 표현할 수 없었다.

"아난드, 자네를 위해 쓰기 시작했어. 20일부터 써 오고 있네."

그날부터 바푸는 나에게 '한 생각'을 계속 글로 써 주셨다.
1946년 6월 나는 푸나에서 다시 바푸를 만날 기회가 있었다. 그때 나는 바푸께서 그 동안 나에게 써 보내 주신 '한 생각'을 출판하도록 허락해 달라고 졸랐다. 그러자 바푸께서는 이렇게 말씀하셨다.

"그것이 출판할 만한 값어치가 있을까? 만일 꼭 출판하고 싶으면 나 죽은 다음에나 하게. 내가 과연 내가 쓴 생각대로 살 수 있을는지 누가 알겠는가? 마지막 숨을 넘길 때까지 내가 실제로 그 생각대로 산다면 혹시 출판할 만할지도 모르겠네."

바푸께서는 계속해서 날마다 한 생각을 글로 쓰시다가 1946년 말경에 그 일을 멈추었다. 뒤에 1947년 3월에 한 보름 동안 뉴델리에서 바푸와 함께 지내게 되어 그 까닭을 여쭈었다.

"내 나오카리Naokhali 일을 온 마음을 모아 수행하기 위해 나는 모든 일을 접었다네. 아슈람도, 친구들도. 그리고 『하리잔Harijan』 지에 기고하던 일도. 모두 그만두었네. 그래서 자네에게 써 주던 매일매일의 생각도 그만두게 되었네."

바푸께서는 2년 동안 '날마다 한 생각'을 써 주셨다. 이 생각들은 그분의 지혜와 성스러움의 알짬을 담고 있다. 마치 우유의 바다에서 버터를 짜 내듯이 그의 마음의 바다에서 정수를 짜 내셨다. 나에게는 이 명상록이 무엇보다 큰 축복이요 유산이다.

내가 그분의 깊은 사랑을 받을 자격은 없지만, 이 말씀들은 바푸께서 내게 보여주신 사랑을 영원히 기억하게 해 줄 것이다. 내가 이 귀중한 사랑을 값없게 하고 또 항상 올바른 길을 걸어갈 수 있도록 하나님께서 지켜 주시기를 기도할 뿐이다.

이 『날마다 한 생각』의 영문 번역본을 한 줄 한 줄 교정해 준, 존경하는 스리 바리바이 데사이Shri Valjibhai Desai(간디의 측근으로서 구자라드 비쟈피스Gujarat Vidyapith의 전

교수이자 유명한 학자)의 노고에 감사 드린다. 정말 소중한 그의 도움에 뭐라고 감사의 말씀을 드려야 할지 모르겠다.

1968년 10월 2일, 아라하바드에서
아난드 힝고라니Anand T. Hingorani

생각
1

1944. 11. 20~12. 31

1

하나님을 부르는 이름은 헤아릴 수 없이 많다. 그러나 꼭 하나만 들라고 하면 사트Sat 또는 사챠Satya라고 할 터이니, 다시 말해 참(진리)이다. 그러므로 참은 하나님이다.

1944. 11. 20

2

참의 실현은 아힘사Ahimsa(비폭력) 없이는 도저히 불가능하다. 아힘사가 최고의 다르마Dharma(법)라고 하는 까닭이 바로 여기에 있다. 1944. 11. 21

3

참을 추구하고 비폭력을 지키는 길에는 꼭 필요한 것들이 있다. 곧 브라마차랴Brahmacharya(금욕)를 지키고, 도둑질하지 않고, 무소유無所有의 삶을 살고, 두려움을 모르고, 모든 종교를 똑같이 존중하고, 불가촉민不可觸民 제도를 없애는 것과 같은 실천이 반드시 따라야 한다. 1944. 11. 22

4

여기에서 브라마차랴는 생각과 말과 행동의 감각 기관을 제어하는 것을 의미한다. 몸은 비록 순결하더라도 마음이 순결하지 못하면 브라마차랴를 온전히 지켰다고 할 수 없다.
1944. 11. 23

5

"도둑질하지 않는다"는 것은 단순히 훔치지 않는 것만을 뜻하지 않는다. 자신에게 필요없는 것을 가지고 있거나 가지려고 하는 것 또한 도둑질이다. 그리고 도둑질에는 어김없이 폭력이 따른다. 1944. 11. 24

6

'무소유'란 오늘 우리에게 필요없는 것은 지니지 말아야 한다는 뜻이다. 1944. 11. 25

7
"두려움을 모른다" 함은 어떠한 두려움도 없음을 말한다. 이를테면 죽음에 대한 두려움, 배고픔에 대한 두려움, 사람들에게 모욕받거나 거부당하지 않을까 하는 두려움, 귀신이나 악령에 대한 두려움, 몸이 다치지나 않을까 하는 두려움, 다른 사람의 분노를 사지 않을까 하는 두려움 등 모든 종류의 두려움으로부터 자유로워지는 것이다. 1944. 11. 26

8
우리의 종교를 존중하는 것과 똑같이 다른 종교도 존중하자. 다른 종교를 그저 관용(tolerance)으로 대하는 것만으로는 충분하지가 못하다. 1944. 11. 27

9
불가촉민 제도를 없애자 함은 단순히 그들을 차별하는 제도만 없애자는 것이 아니다. 그들을 우리의 일가 친척처럼 여기고 우리의 형제 자매 대하듯이 대하자는 것이다. 세상에는 높은 사람도 따로 없고 낮은 사람도 따로 없다. 1944. 11. 28

10

"Yogash Chitta Vritti Norodhah." 이는 파탄자리Patanjali의 요가 다르샨Darshan(요가의 철학)의 첫 번째 경구이다. 요가는 마음의 움직임을 제어하는 것이다. 용솟음치는 정욕을 억제하고 진정시키는 것이 곧 요가이다.

1944. 11. 29

11

마음에 정욕이 용솟음치는 사람이 어떻게 진리를 실현할 수 있겠는가? 마음에서 정욕이 일어나는 것은 마치 바다에 폭풍우가 몰아치는 것과 같다. 폭풍우가 몰아쳐도 배의 키를 단단히 붙들고 있으면 배를 안전하게 구할 수 있듯이, 마찬가지로 마음이 불안할 때에 라마나마Ramanama(하나님의 이름)에게 의지하는 사람은 승리할 것이다. 1944. 11. 30

12

"나무에게서 배우자"라는 찬송은 우리 마음속에 새겨둘 만하다. 나무를 보라. 스스로는 뜨겁게 내리쬐는 햇빛을 온몸으로 견디면서, 우리에게는 서늘한 그늘을 만들어 주지 않는가. 그런데 우리는 무엇을 하고 있는가? 1944. 12. 1

13

거짓된 지식을 늘 경계하자. 우리를 진리로부터 멀어지게 하는 것이 바로 거짓된 지식이다. 1944. 12. 2

14

진리를 실현하려면 성인들의 삶에 대해 많이 읽고 또 마음에 새겨 깊이 음미해야 할 것이다. 1944. 12. 3

15

하나님은 살아 있는 모든 존재 안에 머무신다고 하나님 스스로 말씀하셨는데, 우리가 누구에게 적의를 가진단 말인가?
1944. 12. 4

16

미라바이Mirabai의 삶에서 배울 수 있는 위대한 교훈은 그녀가 하나님을 위하여 자신의 모든 것, 심지어는 남편까지도 버렸다는 것이다. 1944. 12. 5

17

사람이 믿음으로 이룰 수 없는 것이 어디 있겠는가? 무엇이든 다 할 수 있다. 1944. 12. 6

18

사람은 믿음으로 산도 옮길 수 있다. 1944. 12. 7

19
한 가지 일에 한 가지 목적으로 전념할 수 있는 사람은 결국 모든 일을 할 수 있는 능력을 얻을 것이다. 1944. 12. 8

20
참된 행복은 밖에서 오는 것이 아니라 안에서 오는 것이다. 1944. 12. 9

21
자신의 개성을 잃으면 모든 것을 잃는다. 1944. 12. 10

22
곧은 길은 단순한 만큼 어려움도 많다. 그렇지 않다면 누구든지 곧은 길을 좇았을 것이다. 1944. 12. 11

23

"동정심이야말로 종교의 알짬이다." 툴시다스가 말했다. 덧붙이기를 "살아 있는 동안은 결코 동정심을 버리지 말라" 하였다. 그런데 우리는 어떻게 동정심을 가지며 또 누구에게 동정심을 베풀어야 하는가? 1944. 12. 12

24

어느 자매가 말했다. "저는 늘 기도를 해 왔지만 이제는 포기했습니다." 나는 물었다. "왜요?" 그 자매가 대답했다. "자꾸 제 자신을 속이게 되어서요." 물론 그 대답은 옳다. 그러나 생각해 보라. 속이기를 포기하지 왜 기도하기를 포기하는가.
1944. 12. 13

25

어제 들은 찬송가는 곡조도 매우 아름답고 가사도 많은 것을 생각하게 했다. 그 가사의 요점은, 하나님은 교회에도 절에도 계시지 않는다는 것이었다. 안에도 없고 밖에도 없다. 계신다면, 겸손한 씨알들 가운데에, 배고프고 목마른 민중 속에 계신다. 그들의 배고픔을 채워 주고 목마름을 씻어 주기 위해 날마다 물레를 돌리자. 입으로 라마나마를 외우며 그들을 위해 그와 같은 노동을 하자. 1944. 12.14

26

우리가 평상시에도 참이 아닌 것을 피하지 못하는 것은 무슨 까닭에서인가? 두려워서인가, 부끄러워서인가? 그렇게 살기보다는 차라리 침묵하거나, 아니면 서로에 대한 두려움을 떨쳐 내고 마음속에 있는 것을 솔직하게 말하는 편이 더 낫지 않겠는가? 1944. 12. 15

27

한 방울의 독이 우유를 먹을 수 없게 만들듯이, 아무리 작은 거짓도 사람을 못쓰게 만든다. 1944. 12. 16

28

우리는 중요한 일에 시간 바치는 것을 싫어한다. 그러면서도 가치 없는 것을 동경하고 그 속에서 쾌락을 찾고 있으니!

1944. 12. 17

29

"인간은 신이 아니다. 인간을 신이라 부르지 말라. 그러나 인간은 신의 성스러운 광휘를 얼마쯤은 지니고 있다."

1944. 12. 18

30

성현聖賢의 가르침에 귀기울이고 경전을 연구하고 학식을 넓혀라. 그러나 너희 마음속에서 하나님을 받들지 않으면 아무것도 이루지 못하리라. 1944. 12. 19

31

사람들은 모두 묵티Mukti(구원)를 바라지만, 이것이 무엇을 뜻하는지는 정확히 알지 못하는 듯하다. 생사의 윤회에서 벗어나는 것도 구원의 여러 의미 가운데 하나이다.

1944. 12. 20

32

시성詩聖 나르신하Narsinha는 "하나님의 사람은 생사의 윤회에서 벗어나기를 구하는 것이 아니라, 거듭해서 다시 태어나기를 구한다"고 하였다. 이런 관점에서 보면 구원(Mukti)의 의미는 또 조금 달라진다. 1944. 12. 21

33

『기타Gita』에 따르면 철저한 무집착無執着이 곧 구원이다. 『이소파니샤드Ishopanishad』의 첫구절에서도 같은 의미를 찾아볼 수 있다. 1944. 12. 22

34

어떻게 하면 집착에서 벗어날 수 있을까? 이는 기쁨과 슬픔, 친구와 적, 내 것과 남의 것을 모두 똑같이 여기는 데에 있다. 무집착의 다른 이름은 마음의 평정이라 할 수 있다.

1944. 12. 23

35

물방울이 모여서 바다를 이루듯이, 작은 친절이 모여 우정의 바다를 이룰 수 있다. 온 세상 사람이 서로 우애와 화합의 정신으로 살기만 한다면 세상은 달라질 것이다. 1944. 12. 24

36

오늘은 크리스마스 날이다. 모든 종교가 동등하다고 믿는 우리는 라마Rama, 크리쉬나krishna 같은 분들의 탄생을 경배하듯이 예수 그리스도의 탄생을 경배해야 한다.

1944. 12. 25

37

질병은 그 자체가 부끄러워할 일이다. 질병은 잘못이나 타락의 증표이다. 몸과 마음이 모두 건전한 사람은 질병이 감히 넘보지 못한다. 1944. 12. 26

38

악한 생각도 질병의 한 표징이다. 그러므로 우리는 악한 생각은 멀리해야 한다. 1944. 12. 27

39

악한 생각을 피하는 확실한 길은 라마나마Ramanama이다. 그 이름이 입술로만 나오는 것이 아니라 마음에서부터 우러나와야 한다. 1944. 12. 28

40

병도 수없이 많고, 의사와 처방도 수없이 많다. 그러나 우리가 모든 병을 하나라고 생각하고, 하나님 라마를 병을 완전히 고칠 수 있는 오직 한 분뿐인 의사로 여긴다면 많은 괴로움을 덜 수 있을 것이다. 1944. 12. 29

41

이 얼마나 이상한 일인가! 언젠가는 죽고야 말 의사는 그토록 부지런히 좇아다니면서, 죽지 않고 영원하며 한 점 실수도 없는 의사인 하나님 라마는 잊고 있다니! 1944. 12. 30

42

더더욱 이상한 일은, 우리 또한 언젠가 죽을 수밖에 없고, 의사의 치료라 해봐야 우리 목숨을 기껏 며칠 더 부지해 줄 뿐인 걸 알면서도, 며칠 더 살아 보겠다고 이리저리 뛰어다니는 것이다. 1944. 12. 31

생각
2

1945. 1.1. ~ 12. 31

43

그와 같이 젊은이나 늙은이나, 부자나 가난한 사람이나 모두 우리 눈앞에서 죽어가는 것을 보면서도, 우리는 조용한 가운데 가만히 있으려 하지 않는다. 며칠 더 살겠다고 온갖 짓을 다 하면서도 하나님 라마는 의지하지 않는구나. 1945. 1. 1

44

우리가 만일 이 진리를 깨달아 하나님 라마를 의지하고, 어떠한 우환이 닥쳐도 잘 참으며 평화로이 살 수 있다면 얼마나 좋을까? 1945. 1. 2

45

우리는 마하데브Mahadev의 몸과 글에서 육신의 마하데브를 보았다. 그것은 하나였다. 그러나 마침내 육신과 분리된 그의 정신은 이제 가지 못할 곳 없이 널리 퍼져 있으니, 그의 정신은 그 덕의 힘으로 우리에게 인식될 수 있고, 우리가 다 같이 나누어 가질 수 있다. 그것은 누구라 해서 더 많이 가질 수도 또 더 적게 가질 수도 없다. 1945. 1. 3

46

태어남과 죽음은 어쩌면 동전의 양면과도 같지 않을까? 한 면에서는 죽음을, 다른 한 면에서는 탄생을 보곤 한다. 그런데 어째서 하나는 슬픔을 주고, 다른 하나는 기쁨을 줄까?

1945. 1. 4

47

태어남과 죽음이 동전의 양면과 같다고 보는 견해가 옳다면, 어찌하여 죽음은 슬퍼하고 두려워하며, 어찌하여 생명의 태어남은 즐거워하는가? 모든 사람은 스스로에게 이 질문을 던져 보아야 한다. 1945. 1. 5

48

세상은 서로 반대되는 것들로 가득하다. 행복 뒤에는 슬픔이 있고, 슬픔 뒤에는 행복이 있다. 햇빛이 비치는 곳이면 어디든 그늘이 있고, 빛이 있는 곳이면 어두움이 있게 마련이다. 태어남이 있는 곳에는 또 죽음이 있다. 무집착은 이러한 상반된 것들에 영향을 받지 않는다. 이들을 이겨 내는 길은 이들을 없애 버리는 데 있는 것이 아니라, 이들을 뛰어넘고 일어나 집착으로부터 완전히 자유로워지는 데 있다.

1945. 1. 6

49

앞에 말한 것에서, 행복의 열쇠는 진리를 받드는 것에 있음을 알 수 있다. 진리를 받드는 것은 모든 것을 베푸는 것이다.
1945. 1. 7

50

그러면 진리는 어떻게 받들어야 할까? 누구라서 진리를 알까? 여기서 말하는 진리는 상대적인 것, 우리에게 진리로 드러나 보이는 진리이다. 그러나 그 의미를 이렇게 제한된 의미에서일지라도 진리란 알아채기가 참으로 어렵다는 걸 우리는 경험으로 안다. 1945. 1. 8

51

무엇이 진리인지 알면서도 왜 그것을 말하기를 주저하는가? 부끄러워서인가? 대체 누구를 부끄러워함인가? 지위가 높든 낮든 그것이 무슨 상관인가? 우리 몸에 밴 습관이 우리 모두를 망치고 있다. 돌이켜 반성하여 그 같은 나쁜 습관을 내버려야 한다. 1945. 1. 9

52

이 같은 습관에서 벗어나지 않으면 우리는 진리의 길을 밟을 수가 없다. 진정으로 진리의 제단 앞에 모든 것을 희생시켜야 한다. 우리는 흔히 제 생긴 모습보다 더 나아 보이고 싶어한다. 낮으면 낮은 대로 자기를 보여주고, 거꾸로 높아지기를 원한다면 그 수준에 걸맞게 생각하고 행동하면 된다. 그렇게 할 수 있다면 얼마나 좋을까? 그럴 수 없다면 있는 그대로의 자기를 보이도록 하자. 그러다 보면 언젠가는 우리가 바라는 그 높은 경지에 다다르게 될 것이다. 1945. 1. 10

53

경험을 쌓으면 쌓을수록 더욱 절실히 깨닫게 되는 것은, 인간의 행복과 불행은 바로 그 자신에게 달려 있다는 사실이다.
1945. 1. 11

54

그런데 왜 인간은 행복하다고 하고 불행하다고 하는가?
1945. 1. 12

55

사실을 말한다면 인간은 그런 문제에 대해 깊이 생각하고 싶어하지 않는다. 그래서 자기는 그런 생각을 할 겨를이 없다고 스스로 믿어 버리려 한다. 1945. 1. 13

56

우리가 진정한 삶을 살기 원한다면 정신적 게으름을 버리고 좀더 기본적인 사고를 해야 한다. 그렇게 함으로써 우리 삶은 아주 단순해질 수 있다. 1945. 1. 14

57

어떤 예언자는 우리 인간을 나그네라고 불렀다. 맞는 말이다. 우리는 여기에 잠깐 동안 존재할 뿐이다. 그 후는 죽는 것이 아니라 집으로 돌아갈 따름이다. 얼마나 아름답고 진실된 생각인가! 1945. 1. 15

58

다이아몬드 하나를 캐내려면 힘든 노동으로 수천 톤의 흙과 돌을 파내야 한다. 우리는 거짓의 자갈을 헤치고 진리의 다이아몬드를 찾기 위해 그러한 노력의 몇 분의 일이라도 기울이고 있을까? 1945. 1. 16

59

노고勞苦 없이는, 즉 타파Tapa 없이는 아무것도 이룰 수 없다. 그런데 그것 없이 자기 정화淨化가 어떻게 가능할 수 있을까? 1945. 1. 17

60

우리의 모든 시간이 하나님께 속해 있다면 어떻게 한 순간이라도 허비할 수 있겠는가? 이와 같이 우리가 하나님께 속해 있다면 어떻게 삶의 헛된 쾌락을 추구하는 데 우리 삶의 일부분인들 바칠 수 있겠는가? 1945. 1. 18

61

사심 없는 행동은 힘의 원천이다. 그런 행동은 하나님을 경배하는 것과 동등하기 때문이다. 1945. 1. 19

62

잼세드 메타Jamshed Mehta는 나에게 아씨시의 성 프란시스의 기도 하나를 보내 주었다. 그 기도 중에 이런 부분이 있다. "오, 주 하나님이시여. 우리는 줌으로써 받고 죽음으로써 영생으로 태어납니다." 1945. 1. 20

63

진실로 땅은 땅 위에서 일하는 사람들의 것이다. 1945. 1. 21

64

속이 참으로 깨끗한 사람은 밖에 불결한 것이 남아 있을 수 없다. 1945. 1. 22

65

동기가 옳다면 결코 실패하지 않는다. 참된 말은 결국에 가서 결코 남을 해치는 법이 없다. 1945. 1. 23

66

순수한 마음에서 나온 말은 결코 헛되지 않다. 1945. 1. 24

67

게으름이 우리에게 고통을 준다면 우리는 게으르게 살지 않을 것이다. 마찬가지로 불순함이 우리에게 불행을 가져온다면 우리는 불순하거나 불순에 머무르지 않으리라.

1945. 1. 25

68

노동부터 먼저 하고, 그런 다음 가능하면 그 노동한 분량에 비례하는 삯이 있어야 한다. 이런 정신으로 노동하는 것은 하나님을 섬기는 일이다. 그러나 만일 삯을 먼저 요구한다면 이는 사탄을 섬기는 일이 될 것이다. 1945. 1. 26

69

욕망은 만족시키려 하지 않는 것이 좋다. 일단 욕망을 만족시키려 했다가는 그것을 억제하기가 매우 어렵게 된다. 아주 불가능한 것은 아니지만. 1945. 1. 27

70
자신을 다스리지 못하는 사람은 결코 남을 다스릴 수 없다.
1945. 1. 28

71
사람이 자신을 알기 위해서는 자기를 둘러싼 껍질 속에서 나와서 자기 자신을 냉정히 볼 줄 알아야 한다. 1945. 1. 29

72
대체 남의 짐을 가볍게 해 주는 사람 치고 가치없는 사람은 없을 것이다. 1945. 1. 30

73
우리의 행복과 마음의 평화는 우리가 옳고 알맞다고 여기는 일을 하는 데 있지, 다른 사람이 무엇을 말하거나 무엇을 하는 데 있지 않다. 1945. 1. 31

74
도덕적인 힘이 종교 경전을 읽고서 얻어지는 것은 사실이나, 진정한 자유는 크게 깨치고 남이 없이는 얻어질 수 없다.
1945. 2. 1

75
도움을 바라는 것은 자신의 자유를 값싸게 팔아 버리는 것이다. 1945. 2. 2

76
사람의 위대함은 그의 머리, 곧 지성에 달려 있는 것이 아니라 그의 혼에 달려 있다. 1945. 2. 3

77

종교는 모든 것을 이해하는 것이다. 다른 말로 하면, 종교란 삶을 어떠한 형태, 어떠한 때에 있어서도 꿰뚫는 것이다.
1945. 2. 4

78

종교는 삶과 유리된 어떤 것이 아니다. 삶 자체를 종교로 보아야 한다. 종교로부터 유리된 삶은 인간의 삶이 아니라 동물의 삶이다. 1945. 2. 5

79

극기克己를 많이 하거나 일에 몰두한 사람은 말이 적다. 말과 행동은 서로 잘 맞지 않는다. 자연을 보라. 한 순간도 쉬지 않고 끊임없이 일한다. 그런데도 말이 없다. 1945. 2. 6

80

고난받고 있는 인류를 생각하는 사람은 자신을 생각하지 않으리라. 사실, 그렇게 할 시간이 어디 있겠는가? 1945. 2. 7

81

사람은 자기가 보고 싶은 것만 보고 듣고 싶은 것만 듣게 된다. 정원사는 정원의 꽃만 볼 터이나, 철학자는 그 꽃들을 잊어버릴 것이다. 아마 철학자는 자기가 정원 안에 있는지 밖에 있는지조차 알지 못하리라! 1945. 2. 8

82

우리는 우리와 함께 사는 사람들을 통해서 우리의 단점을 알 수 있고 고칠 수도 있다. 우리가 일상 생활에서 순수성을 최고 수준으로 유지할 수 있다면 우리는 진정한 봉사를 할 수 있을 것이다. 1945. 2. 9

83

진리를 맹세하는 사람은 침묵 지키는 훈련을 해야 한다. 그럼에도 진리를 탐구한다는 대부분의 사람들이 습관적으로 너무 말을 많이 하는 것을 본다. 이런 습관을 버리자. 1945. 2. 10

84

사랑하는 이들이 우리를 떠나갔을 때 우리는 그들을 어떻게 기억할까? 나는 그들이 결코 죽지 않았다고 확신한다. 죽은 것은 그들의 육체일 뿐이다. 할 수 있는 한 그들의 덕행을 받아들이고, 그들의 선행을 계승해야 한다. 그리고 우리의 능력을 최대한 발휘하여 그들의 기억을 되살려야 한다. 화환은 그런 기억을 강화하는 것일 때에만 기념물(Samadhis) 위에 놓일 수 있다. 그러나 단순히 꽃다발을 바치는 것으로 만족한다면 우상 숭배가 될 것이다. 1945. 2. 11

85

우리 자신은 더러운 채로 있으면서 다른 사람이 깨끗하기를 바란다면 이 얼마나 그릇된 일인가! 1945. 2. 12

86

온 세상의 사람과 사람 사이에 보이는 차이점은 오직 정도의 차이이지 종류의 차이가 아니다. 마치 종류가 같은 나무들이라도 서로 다른 것처럼. 그런데 왜 분노하고 시기하고 차별하는가? 1945. 2. 13

87

아무리 좋은 일이라도 쉽게 결심하지 말자. 그러나 깊이 생각하여 한 결심이라면 결코 그 결심을 포기하지 말자.

1945. 2. 14

88

자신을 속이는 능력은 다른 사람을 속이는 능력보다 엄청나게 크다. 지각 있는 사람이라면 모두 이 사실을 인정하리라.

1945. 2. 15

89

가까운 친족에게 화내지 않는 사람은 믿을 만하다. 낯모르는 사람에게 자기 성미를 억제하는 것은 누구나 잘할 수 있다. 그러나 그것이 무슨 장점이랄 수 있겠는가? 1945. 2. 16

90

삶은 환락이 아니다. 다시 말해 먹고 마시고 즐거워하는 것이 아니다. 삶은 하나님을 찬양하는 것이다. 즉 인류에게 참되게 봉사하는 것이다. 1945. 2. 17

91

인간과 동물은 무엇으로 구별하는가? 이 문제에 대해 남김 없이 생각해 본다면 우리의 많은 문제가 해결될 것이다.
1945. 2. 18

92

사람이 자신의 한계를 넘어서 능력 밖의 일을 하거나 생각을 하면 병이 엄습하거나 화가 돋기 쉽다. 서두르면 낭비가 따르고, 더하여 해를 입을 수도 있다. 1945. 2. 19

93

오늘 아침 찬송에 이런 말이 있었다. "하나님은 우리를 결코 잊지 않으시는데, 하나님을 잊어버리는 것은 바로 우리이다." 참으로 애석한 일이다. 1945. 2. 20

94

하나님이 원하지 않을 때에는 재산도 부모도, 제아무리 용하다는 의사도 우리를 구하지 못한다. 그렇다면 우리는 무엇을 해야 할까? 1945. 2. 21

95

우리의 더러움을 깨끗이 하지 못하고서도 기도할 자격이 있을까? 1945. 2. 22

96

사람들이 묵주를 사용하는데, 그것이 어떤 성인聖人으로부터 축복을 받았다거나, 혹은 성스러운 툴시Tulsi(향미료)나 백단목 또는 루드락(Rudraksha) 구슬로 만들어졌다 해서 그럴 수 있다. 그러나 그 사용자가 묵주를 그저 그런 것이라 여긴다면 차라리 버리는 편이 더 낫다. 그렇지만 묵주가 그를 하나님께 더 가까이 이끌어 준다거나, 자기의 의무를 행하는 데 더 힘이 되어 준다면, 규칙적으로 그것을 사용하는 것이 확실히 좋다. 1945. 2. 23

97

하나님이 존재하니까 우리도 존재한다. 이로써 인간이나 어떤 생물체나 다 거룩하신 이의 한 부분임을 알 수 있다.
1945. 2. 24

98

신약 성경에 이런 말이 있다. "마음에 근심하지 말며 두려워하지도 말라." 이것은 하나님을 믿는 사람들을 위한 말씀이다. 1945. 2. 25

99

신약 성경은 우리에게 또 이렇게 말하기도 한다. 하나님이 우리를 유혹에 들게도 하시고 또한 우리를 악에서 건져 주시기도 한다고. 그러나 이는 자진해서 유혹에 굴복하는 사람들에게는 적용되지 않는 말이다. 1945. 2. 26

100

주의 이름의 영광을 노래한 사람은 툴시다스만은 아닌 것 같다. 성경에서도 같은 것을 볼 수 있다. 「로마서」 10장 13절에 이르기를, "누구든지 주의 이름을 부르는 자는 구원을 얻으리라" 하였다. 1945. 2. 27

101

죄는 숨겨진 채 있지 못한다. 죄는 사람의 얼굴에 큰 글자로 씌어져 있다. 우리가 그 책을 완전히는 알지 못하지만 그 사실은 명백하다. 1945. 2. 28

102

요즈음 성경 구절들을 읽는다. 오늘은 이런 구절을 보았다. "너희가 기도할 때에 무엇이든지 믿고 구하는 것은 다 받으리라." 1945. 3. 1

103

"하나님은 힘없는 자를 도우시는 이다." 이와 같은 생각은 「시편」 34장 18절에도 나타나 있다. "주님은 마음이 상한 사람에게 가까이 계시고 회개하는 사람을 구원해 주신다." 1945. 3. 2

104

"두려워 말라. 내가 너희와 함께 있다."(「이사야」41장 10절)
1945. 3. 3

105

"영원히 야훼(하나님)를 믿고 의지하여라. 야훼는 영원한 바위시다."(「이사야」26장 4절) 1945. 3. 4

106

물의 본성이 낮은 곳을 찾는 것처럼, 죄악도 사람을 낮은 곳으로 이끈다. 따라서 악을 행하기란 쉽다. 반면에 덕은 인간을 위로 이끄는 것이므로 힘들게 보인다. 1945. 3. 5

107

"내 은혜가 네게 충분하다. 내 권능이 약한 데서 완전해진다."
(「고린도후서」12장 9절) 1945. 3. 6

108

"하나님은 우리의 피난처시오 힘이시니 환난중에 만날 큰 도움이시다."(「시편」 46장 1절) 1945. 3. 7

109

하나님의 말씀이다. "나는 과거에도 있었고 지금도 있고 미래에도 있을 것이다. 나는 어느 곳에나 있고 어느 것에나 있다." 이런 앎에도 불구하고 우리는 하나님으로부터 멀리 떠나, 오히려 유한하고 불안전한 것을 피난처로 삼아 우리 자신을 비참하게 만든다. 이보다 더 놀랄 일이 있을 수 있을까?
1945. 3. 8

110

우리는 동서양간에 어떤 차이를 두어서도 안 된다. 동양적이든 서양적이든 모든 것은 그 장점을 가지고 판단해야 한다. 그렇게 해야만 정당한 판단을 내릴 수 있다. 1945. 3. 9

111

이 세상에는 왜 선도 있고 악도 있으며 행복도 있고 불행도 있는가? 하나님은 존재하시지만 보이지는 않는다. 하나님은 법(Law)을 주시는 분일 뿐 아니라 법 자체이시다. 그러므로 인간은 그 자신의 행동에 따라 어떤 인간인지가 결정된다. 선한 행동을 하면 흥하고, 악한 행동을 하면 망한다.

1945. 3. 10

112

사회에 대한 참된 봉사란 사회 그 자체, 즉 사회의 모든 구성원을 향상시키는 것이다. 특정한 사회를 연구함으로써만 그 사회를 어떻게 향상시킬 수 있을지 말할 수 있을 것이다.

1945. 3. 11

113

죽음이 가까워졌을 때 인간은 하나님 말고는 위안이 없음을 깨닫게 된다. 그러면서도 하나님의 이름을 부르는 것은 주저한다. 왜 그럴까? 1945. 3. 12

114

비폭력만이 독립에 이르는 유일한 길이다. 즉 죽음으로써만 산다. 죽이는 것으로는 결코 살지 못한다. 1945. 3. 13

115

어떻게 죽을까? 자살을 할까? 그래서는 결코 안 된다. 죽을 준비를 한다면, 그리고 그것이 필요할 경우라면, 그것은 오로지 영원히 살기 위해서 죽을 때뿐이다. 1945. 3. 14

116

인내와 침착으로 얻을 수 없는 것은 없다. 이런 진리는 매일 매일의 체험을 통해 증명될 수 있다. 1945. 3. 15

117
운명과 노력 사이에는 끝없는 싸움이 있다. 그 싸움 가운데서 우리는 계속해서 노력할 뿐 그 결과는 하나님께 맡겨야 한다. 1945. 3. 16

118
모든 걸 운명에 맡기지도 말고, 우리가 들이는 노력을 경시하지도 말라. 운명은 제 갈길을 간다. 우리는 오직 우리가 끼어들 수 있는 곳을 보아야 한다. 결과가 어떻게 되든 그것은 우리의 의무이기 때문이다. 1945. 3. 17

119
비통한 것은 우리의 의무가 무엇인지 알면서도 그것을 이행하지 않는다는 것이다. 이에 대하여는 모든 사람이 스스로에게 대답하게 하자. 1945. 3. 18

120
내 생의 순간마다 나는 침묵이 최대의 웅변임을 깨닫게 된다. 말해야 한다면 가능한 적게 말하라. 한 마디로 충분할 때 두 마디를 하지 않도록 하라. 1945. 3. 19

121

사소한 일에 당황한다면 우리 안에 어딘가 몰래 집착하는 바가 있기 때문임을 깨달아야 한다. 우리는 그 집착을 찾아 없애야 한다. 큰일을 당했을 때에도 꼿꼿이 버티고 서 있을 수 있다고 생각하는 것은 환상이다. 우리는 그저 억지로 버티고 있을 따름이다. 절대로 그것을 꼿꼿함이라 부를 수는 없다.
1945. 3. 20

122

그런 경우 기억해야 할 구절이 있다. "감각과 그 대상의 접촉은 오고 가는 것이니, 그것들을 참아 견뎌라."
1945. 3. 21

123

무슨 일을 하든지 잘해야 하고 참되게 해야 한다. 그렇지 않으면 아예 하지 말라. 매일매일 느끼는 진리이지만 오늘은 특히 그 말이 내 마음에 와 닿는다. 바Ba가 죽은 날이어서 늘 그랬듯이 『바가바드 기타』를 외웠다. 그러나 거기에는 혼이 없었다. 1945. 3. 22

124

잘못은 그 잘못을 바로잡았을 때에만 잘못이 아니게 된다. 만일 억누르면 종기처럼 솟아올라 악화되고 만다. 1945. 3. 23

125

인간은 자아의 진면목을 인식하고 그에 대해 명상하며 그 덕을 따를 때 향상해 간다. 그 반대로 행동하면 몰락으로 치닫게 된다. 1945. 3. 24

126

무엇이 인내인가? 산카라차랴Shankaracharya는 이렇게 말한다. "바닷가에 앉아 풀잎새로 물 한 방울을 찍어 내 봐라. 네게 참을성이 있고 근처에 그 물방울을 받아 둘 곳이 있기만 하다면, 어느 때에 가서는 바다의 물을 모두 비워 낼 수 있으리라." 이것은 거의 완전한 인내가 무엇인지 설명해 주는 말이다. 1945. 3. 25

127

속에 무한한 인내력을 품지 않은 사람은 비폭력을 지켜 낼 수 없다. 1945. 3. 26

128

뱀과 인간의 다른 점은 무엇인가? 분명히 뱀은 배로 기고, 인간은 발로 똑바로 서서 걷는다. 그러나 만사가 겉으로 보이는 대로만은 아니다. 왜냐? 정신적으로는 배를 땅에 대고 기는 인간이 있지 않은가? 1945. 3. 27

129

나는 날마다 침묵의 중요성을 보게 된다. 그것은 누구에게나 좋지만, 일에 깊이 골몰하는 사람에게 침묵은 참으로 귀중하다. 1945. 3. 28

130

"서두르는 사람은 초조해 하고, 천천히 꾸준히 하는 사람은 침착하다." 매순간마다 이 진리를 알게 된다. 1945. 3. 29

131

일상적으로 늘 하던 일에서 벗어나는 것은 매우 위험스럽구나! 봄베이에 온 뒤 나는 매일매일 글을 쓰지 못했다.(1945년 4월 3일에 씀) 1945. 3. 30

132

어느 것도 법칙 없이 되는 것은 없다. 전 태양계를 지배하는 법칙이 아무리 짧은 순간이나마 깨지는 경우에는 태양계는 산산조각이 날 것이다.(1945년 4월 3일에 씀) 1945. 3. 31

133

이 교훈은 크건 작건 모든 것에 적용된다. 우리는 이를 알고 이에 따라 행동해야 한다. 그렇지 않으면 살아 있으면서 죽은 것이 될 것이다.(1945년 4월 3일에 씀) 1945. 4. 1

134

자기의 욕망을 불필요하게 확대시키는 것은 죄다.(1945년 4월 3일에 씀) 1945. 4. 2

135
오늘 지키기로 한 하르탈Hartal(총파업)은 교수형 판결을 받은 사람들의 목숨을 구하고자 하는 것이다. 오늘 행사가 진정 이해 속에 이루어진다면 우리는 비폭력의 길에서 한 걸음 크게 내딛게 될 것이다. 1945. 4. 3

136
인간은 자기의 의무가 무엇인지 안다. 그러면서도 제가 해야 할 것으로 알고 있는 바를 행하지 않는다. 왜 그런가?
1945. 4. 4

137
우리가 만일 우리 주위의 심리적 환경에 굴복한다면 정말 끝장이다. 치무르Chimur 교도소 수감자들의 상황은 날로 날로 변하고 있다. 우리 의무를 다하면서 냉정을 지켜야 한다.
1945. 4. 5

138

아주 단순한 것까지도 잘못 이해하려는 사람을 참고 견디려면 얼마나 높은 차원의 비폭력이 필요한지 몰라! 1945. 4. 6

139

내 육체를 보전키 위해서 나는 분투 노력한다. 내 영혼을 알기 위해서도 정말 그 같은 노력을 하고 있을까? 1945. 4. 7

140

오해가 있을 경우 나는 노하고, 울고, 웃고, 동정을 느낀다. 그러나 그보다도 침착하게 오해를 없애려 애쓰는 것이 내 의무가 아닐까? 1945. 4. 8

141

우리는 무엇을 믿을까? 우리를 칭찬해야 할까, 꾸짖어야 할까? 둘 다 부당한 일이다. 그러면 우리가 자신을 판단하는 주체가 되어야 할까? 여기에도 잘못의 여지는 많다. 하나님만이 우리가 어떤 사람인지 알고 있다. 그러나 그분은 우리에게 말해 주시지는 않는다. 그러므로 우리 자신에 대해 알려 하거나 믿으려 하지 않는 것이 제일 좋다. 우리는 우리대로다. 우리가 어떤 사람인가를 알거나 믿는다고 해서 아무것도 얻어지는 것은 없다. 의무의 이행만이 진정 중요한 일이다.

1945. 4. 9

142

눈먼 사람이란 눈을 잃은 사람이 아니다. 제 단점을 숨기는 사람이다. 1945. 4. 10

143

인간의 정신의 평화는 인간 세계 속에서만 증험될 수 있는 것이지 히말라야의 산정山頂에 홀로 있으면서 될 수 있는 것이 아니다. 1945. 4. 11

144

이상理想과 그 이상에 따라 사는 것은 서로 다르다.(1945년 4월 15일에 씀) 1945. 4. 12

145

이상 없는 사람은 키 없는 배와 같다.(1945년 4월 15일에 씀) 1945. 4. 13

146

이상을 실현하려고 노력할 때에만 이상을 가졌다고 할 수 있다.(1945년 4월 15일에 씀) 1945. 4. 14

147

우리가 올바른 노력을 기울였고 능력이 닿는 한 최선을 다했다면 해본 것만으로 만족하고 쉬어도 좋다. 결과는 노력만으로 결정되지 않는다. 우리가 어떻게 할 수 없는 다른 요인들이 있는 것이다. 1945. 4. 15

148

무엇이 올바른 노력일까? 한 가지 증거는 원하던 결과를 노력해서 이루는 경우가 많다는 것이다. 그래서 옳은 것은 결과로 판단된다. 올바른 노력이란 사용한 수단이 옳다는 깊은 확신이 있어서, 설혹 바라지 않은 결과에 이른 경우에도 그 수단을 바꾼다든지 그 노력이 변하거나 약해진다든지 하는 일이 없는 것이다. 1945. 4. 16

149

우리 능력의 최대란 무엇일까? 자기의 에너지를 아낌 없이 다 쏟아붓는 노력이다. 성공은 일반적으로 이런 순수한 노력에 따라온다. 1945. 4. 17

150

사람은 무가치한 데이타에 근거해서 결정을 내리고 그에 따라 행동을 해 나아간다. 그러한 경우 가능하다면 결정을 내리지 않는 것이 낫고, 결과에 무관심한 편이 낫다. 그러나 결정을 지어야 할 의무가 있을 경우에는 가능한 최대의 주의를 기울여 결정하고 두려움 없이 그 결정을 실행에 옮겨야 한다.
1945. 4. 18

151
합당치 못한 일이라면 아무리 중요한 일이라도 그 중요성을 잃고 만다. 합당한 일이라면 아무리 작은 일이라도 최고의 중요성을 가지게 된다. 1945. 4. 19

152
인간의 탐욕은 가장 깊은 밑바닥까지도 내려가고 하늘 꼭대기까지도 오를 수 있다. 그러므로 탐욕은 억제하지 않으면 안 된다. 1945. 4. 20

153
인간의 기쁨이 끝간 데를 모를 때란 바로 자신이 바라는 것 이상의 어떤 것을 얻었을 때이다. 1945. 4. 21

154
매우 정신적인 사람인 듯하면서 육체적으로 늘 병이 있는 사람이라면 어딘가 잘못이 있는 것이다. 1945. 4. 22

155

우리 앞에 산적한 일들을 끌어안고 골몰해 있다면 정신을 차릴 수 없어 결국 아무것도 이루지 못할 것이다. 반면 일을 냉정히 파악하고 있다면 산처럼 쌓인 일도 매일매일 줄어들어 어느 날 마침내 사라지게 되는 것을 발견할 것이다.

1945. 4. 23

156

내 잘못을 알기는 원치 않아도 남의 잘못을 보고는 즐거워한다. 이런 버릇 때문에 숱한 불행이 발생한다. 1945. 4. 24

157

사챠그라히 행세를 한다 해서 누구나 사챠그라히Satya-grahi(眞理把持者)가 되는 것은 아니다. 순수한 진리를 지킴으로써만 사챠그라히가 될 수 있다. 1945. 4. 25

158

눈에 보이는 더러운 것만 더러운 것일까? 우리는 하얀 것 위에는 조그만 티끌만 있어도 보기 싫어하지만, 검은 것 위에는 얼마나 많은 티끌이 있을지 모르는데도 전연 개의치 않는다.
1945. 4. 26

159

우리는 검은 것은 깨끗지 않고 흰 것은 깨끗하다고 여긴다. 그러나 검은 것도 자연의 배치 속에서는 흰 것이나 다름없이 덕이 되고, 제자리를 잃을 때 악이 된다. 1945. 4. 27

160

죽음이 두렵지 않다고 주장하는 사람이 죽음을 제일 두려워하며, 죽지 않으려 온갖 수단을 다 쓰는 것은 참 이상한 일이야! 1945. 4. 28

161

자식이 부모를 경배하는 것이 기도의 한 형태임에는 틀림이 없다. 그렇다면 우리 모두의 영원한 아버지이신 분에게는 어떤 경배를 드려야 할까? 기도를 좁게 해석해서는 안 될 것이다. 1945. 4. 29

162

오늘 날짜 『타임즈 오브 인디아 *Times of India*』지에 실린 '오늘의 명상'은 나에게 감동을 주었다. 거기에는 이런 의미가 담겨 있었다. "진리를 믿고, 진리를 생각하고, 진리를 살아라. 비진리가 승리하는 것처럼 보이더라도 결코 진리를 압도할 수 없는 것이니." 1945. 4. 30

163
비록 선함이 함께 있더라도 위선이 있는 곳에는, 아무리 선만을 취하기 위해서라 할망정 가서는 안 된다. 간다면 이미 해서는 안 될 협력을 하게 되는 것이다. 1945. 5. 1

164
독이 든 우유를 버리는 것과 같이, 위선의 독과 섞여 있는 선이라면 그 선 또한 거부해야 한다. 1945. 5. 2

165
공자孔子는 말한다. "질서가 잡힌 나라에서는 그 발전을 부富로 측정하지 않는다." 국민(people)과 지도자의 순결만이 국가의 진정한 재산이다. 1945. 5. 3

166
마음에는 두 가지가 있다. 하나는 위로 올라가는 마음이고, 다른 하나는 아래로 떨어지는 마음이다. 이 점을 언제나 잘 생각해서 이 두 가지를 구별할 줄 알아야 한다. 1945. 5. 4

167
자신은 자기의 등을 볼 수 없는데 다른 사람은 자기의 등을 볼 수 있듯이, 우리 또한 우리 자신의 잘못을 볼 수 없다.
1945. 5. 5

168
죽음이란 늘 고통과 고난으로부터의 해방이 아니던가? 그렇다면 왜 죽음이 닥쳐 온다고 슬퍼해야 하는가? 1945. 5. 6

169
삶은 장미와 같다. 삶 또한 가시로 가득 차 있기 때문이다.
1945. 5. 7

170
진정 두려움이 있다면 오직 한 가지다. 비루하고 참되지 않은 짓을 하지나 않을까 하는 두려움. 1945. 5. 8

171
정당하지 않게 이룬 일은 설익은 빵과 같아 내다 버릴 수밖에 없다. 1945. 5. 9

172
사람들이 진리를 말하고 실천하기는 두려워하면서 거짓을 말하고 행하기는 왜 두려워하지 않을까? 1945. 5. 10

173
"겁쟁이는 죽기 전에 여러 번 죽는다"는 영국 속담은 진실이다. 내가 늘 말하지만, 죽음이란 정말 고통과 고뇌에서 건져지는 것이다. 죽음에 대한 두려움은 고통을 더해 주며 상황을 더 비참하게 만들 뿐이다. 1945. 5. 11

174
어떤 이름으로 신을 부르든지 간에 어디나 신과 같은 성격을 가진 이가 있다면 우리는 그분을 공경하지 않으면 안 된다. 1945. 5. 12

175
그러면 하나님은 어떤 분이셔야 할까? 욕정도 없고 형태도 없는 그분은 모든 속성의 저장소이시면서도 악은 전혀 없는 분이어야 한다. 이것은 순전히 문법상의 문제이다. 우리가 개념상으로 생각할 때 하나님은 형태가 없는 분이시니, 그분은 남성도 여성도 아니다. 1945. 5. 13

176
하나의 규칙을 어기면 반드시 다른 규칙도 어기게 된다.
1945. 5. 14

177
행복 속에 기뻐하면 불행이 찾아오게 된다. 참된 행복이란 슬픔과 고통에서 솟아오른다. 1945. 5. 15

178
억지로 지어 낸 것이 아닌 진심에서 우러나오는 웃음은 진정한 웅변이며 어떤 말보다 더 효과가 있다. 1945. 5. 16

179
규칙적인 생활은 만족감을 낳고, 만족감은 건강을 증진시켜 오래 살게 해 준다. 1945. 5. 17

180
자만自慢은 인간을 완전히 삼켜 버린다. 이 진리는 언제나 누구에게나 실현될 수 있다. 1945. 5. 18

181
반대로 겸손과 조심은 사람을 키우고 자라게 한다.
1945. 5. 19

182

일 분이라도 허비한 다음에는 되돌릴 수 없다. 이런 사실을 알면서도 우리는 얼마나 시간을 허비하고 있는가!
1945. 5. 20

183

필요없이 내뱉는 말은 진리를 위배하는 것이다. 진리의 실현이 침묵을 지킴으로써 더 쉽다는 이유가 바로 이것이다.
1945. 5. 21

184

이상이 없는 노동은 방향도 목표도 없는 배처럼 아무 결실이 없다. 1945. 5. 22

185

기차를 움직이고 비행기를 날게 하고, 사람을 살아가게 하는 힘은 그 이름을 무엇이라 하든 신의 힘이다. 기차는 증기 기관으로 움직이는 것이 아니고, 비행기는 모터로 움직이는 것이 아니며, 사람은 심장의 기계적인 작동으로 살아가는 것이 아니다. 1945. 5. 23

186

"침착의 열매는 달다"—이 진리를 매순간 체험한다.
1945. 5. 24

187

고집과 확고부동確固不動은 큰 차이가 있다. 자신의 의견을 남에게 억지로 받아들이게 하는 것은 고집이지만, 확고부동은 스스로 어떤 일을 짊어지는 것이다. 이것은 결과적으로 다른 사람이 자유 의사에 의해 우리의 의견을 받아들이도록 만드는 것이다. 1945. 5. 25

188

일은 많고 시간은 없는 경우 어떻게 해야 할까? 이 때는 유익하다고 믿는 것을 참을성 있게 해 나아가야 한다. 그리고 나머지는 하나님께 맡겨야 한다. 하나님께서 생을 허락하신다면 언젠가 나머지 일을 할 수 있을 것이다. 1945. 5. 26

189

세수를 하려고 안경을 벗었다. 나중에 안경 쓰는 것을 잊어버렸다. 왜 그런가? 다른 일에 정신을 빼앗겨 부주의해졌기 때문이다. 이런 일을 분열이라 부르는데, 위험한 일이다.
1945. 5. 27

190

나쁜 일을 하면 부끄러워한다. 그러나 좋은 일을 하면 알려졌으면 한다. 왜 그런가? 1945. 5. 28

191

시기심을 품은 사람은 그 시기심 때문에 망친다. 그러나 시기의 대상이 되는 사람은 아무런 영향도 받지 않을 뿐 아니라 아마 그 사실을 알지도 못할 것이다. 1945. 5. 29

192

시기의 반대는 관대이다. 관대는 다른 사람을 시기하지 못하도록 한다. 오히려 우리가 다른 사람에게서 덕德을 보면 그 덕의 진가를 인정하고 그 덕으로 해서 이로움을 얻게 된다.
1945. 5. 30

193

매순간 나는 사람이 자신을 어떻게 속이고 있는지 주목한다.
1945. 5. 31

194

모든 사람을 즐겁게 하려고 하는 사람은 한 사람도 즐겁게 해 주지 못한다. 1945. 6. 1

195

우리가 즐겁게 해 드릴 분은 오직 하나님뿐이다. 우리가 찬양하려면 하나님만을 찬양해야 한다. 그러면 걱정하거나 속상해 하지 않아도 될 것이다. 1945. 6. 2

196

어떻게 하나님을 즐겁게 해 드리고 어떻게 하나님을 찬양할까? 그의 창조물인 인간에게 봉사함으로써. 1945. 6. 3

197

습관적으로, 사람이 말을 할 때는 모르고 있는 것이므로, 수건으로 입을 싸매거나 혹은 입술을 아주 봉해 버리고라도 그 습관을 아주 깨쳐 버린다면, 그것이 그 사람의 최고의 시간이다. 1945. 6. 4

198

욕망에는 여러 가지가 있다. 좋은 욕망, 나쁜 욕망, 실현하기 쉬운 욕망이 있다. 우리의 마음은 좋고 실현될 수 있는 욕망에만 머물러야 한다. 1945. 6. 5

199

샤스트라Shastras(종교 경전)의 해석은 사람마다 가지가지다. 올바른 길은 우리 마음에 근본적으로 올바른 해석이라고 믿어지는 것을, 설혹 문법적으로는 미흡한 점이 있더라도, 실천으로써 따르는 것이다. 다만 그 해석이 도덕에 위반되지 않으며, 자기를 다스려 가는 데 도움을 주는 것이어야 한다.

1945. 6. 6

200

진실하지 못한 사람은 자신을 위해 도망갈 많은 길을 남겨 둔다. 그리고 이 길 저 길 도망쳤을 때 자기가 매우 영리하다고 생각한다. 사실 그것은 자신의 함정을 파는 것이 될 뿐이다.

1945. 6. 7

201

반면에 진실한 사람은 자신이 도망 갈 모든 구멍을 막아 버린다. 그보다도 그에게는 벽도 구멍도 없다고 해야 할 것이다. 진실한 사람은 눈을 가리고도 옳은 길을 걸어갈 수 있고 결코 함정에 빠지지 않는다. 1945. 6. 8

202

어떤 사람은 무집착에 도달하기는 어렵다고 말한다. 그렇기는 하다. 그러나 우리에게 필요한 것은 언제나 얻기 어려운 것이 아닌가? 얻기 어려운 것을 쉽게 얻는 방법은 오직 지속적으로 결의에 찬 노력을 행하는 일뿐이다. 1945. 6. 9

203

물방울이 바다를 만든다. 그럴 수 있는 이유는 물방울 속에 온전한 응집력과 서로간의 협력이 있기 때문이다. 이와 같은 원리는 인간에게도 적용된다. 1945. 6. 10

204

무지를 숨기는 것은 오히려 무지를 늘리는 일이다. 그러나 무지를 정직하게 고백하면 무지가 줄어들 수 있는 희망의 기반이 마련되는 법이다. 1945. 6. 11

205

기계적인 암기로 배운 것은 앵무새가 라마나마Ramanama를 암송하는 것과 같이 가치가 없다. 1945. 6. 12

206

앞서 한 말이 옳다는 것은 체험으로 증명된다. 이에 따라 다음과 같은 결론이 나온다. 즉 사람의 마음속 깊이 들어가 자아의 한 부분이 되는 지식만이 사람을 변화시킬 수 있다. 다만 그런 지식은 자아를 아는 지식이어야 한다. 1945. 6. 13

207

사람이 어떤 일을 하고 나서 또다시 후회한다면 이는 깊이 생각하지 않고 강제로 시켜서 한 일임을 드러내는 것이다.
1945. 6. 14

208

무집착은 우리가 어떤 일에 집착할 수 있는 완전한 자유가 있을 때에만 진정으로 증명될 수 있는 것이다. 1945. 6. 15

209

사람은 자신의 잘못은 잊어버리고 남의 잘못만 보는 버릇이 있다. 이는 자연히 마지막에 그 자신에게 실망을 안겨 준다.
1945. 6. 16

210

하나님에 대한 신앙을 가지는 것은 세상에서 제일 쉬운 일이 되어야 하는데, 얼핏 보기에는 제일 어려운 일처럼 보인다.
1945. 6. 17

211

오해의 근원은 불신이고, 불신의 뿌리에는 대개 두려움이 있다. 1945. 6. 18

212

두려움 없는 사랑은 있을 수 없다고 흔히들 말하지만 사실 두려움이 있으면 진정한 사랑은 존재할 수 없다. 1945. 6. 19

213

내게는 침묵을 통해서 모든 것을 깨달을 수 있다는 체험이 매일매일 자라고 있다. 1945. 6. 20

214

불필요한 것을 말하지 않고 가능한 몇 마디로 필요한 것만 이야기한다면 우리의 시간뿐만 아니라 다른 사람의 시간도 건질 수 있으리라. 1945. 6. 21

215

앞서 한 말을 따르면 우리는 일생 동안 많은 시간을 건질 수 있다는 결론이 나온다. 1945. 6. 22

216

같은 사물을 보더라도 어떤 각도에서 보면 마음의 평정을 잃게 되고, 다른 각도에서 보면 웃게 된다. 분노하지도 웃지도 않으면 더 좋을 것 아닌가? 1945. 6. 23

217

우리는 진리를 말하고 그대로 살려고 하는 사람의 실천이 얼마나 큰 영향력을 가지는지 그 증거를 거의 매일같이 보고 있다. 그러면서도 그 사람의 행동과 말의 모범을 따르려고는 결코 생각하지 않는다. 1945. 6. 24

218

후회하면서 바치는 희생은 희생이 아니다. 참된 희생은 기쁨을 주고 정신을 드높여 준다. 1945. 6. 25

219

진정한 도움은 하나님의 도움뿐이다. 그러나 하나님은 어떤 매개를 통해서만 도움을 준다. 그러므로 부러진 갈대의 도움을 알면서도 청하지 말도록 하라. 1945. 6. 26

220

테 바하두르Tegh Bahadur 스승은 이렇게 말한다. "가장 작은 상처를 주는 삶은 간소한 살림(Simple Life)이다. 어떤 사람에게도 지극히 작은 고통도 주지 않는 살림만이 순수하다." 그러므로 악을 행하지 않는 사람만이 참된 종교 생활을 수행하고 있다. 1945. 6. 27

221

"이 길로 똑바로 가시오"라고 들은 대로 주어진 방향을 따라가면 목적지에 도달할 것이 틀림없다. 그런 길이 진리다. 그런 길을 따라가면 가장 짧은 시간 내에 목적지에 도착하게 된다. 1945. 6. 28

222

내 삶의 순간마다 나는 신의 존재를 인식하고 있다. 그런데 왜 내가 다른 사람을 두려워해야 하는가? 1945. 6. 29

223

오늘 어떤 사람이 나에게 와서 말했다. "참된 봉사를 하지 못하면 나는 삶에 대한 모든 흥미를 잃어버린다"고.
1945. 6. 30

224

어떤 사람이 너를 거짓말쟁이라고 부르거나 반대하더라도 자제自制를 잃어서는 안 된다. 무엇인가 말하고 싶으면 조용히 말하라. 네가 진정으로 참되다면 남이 그렇게 부른다고 해서 거짓말쟁이가 되는 것은 아니다. 1945. 7. 1

225

진리는 영혼을 살찌운다. 비진리는 영혼을 좀먹는다.
1945. 7. 2

226

먹는 것보다 먹지 않는 데 더 큰 즐거움이 있다. 이 진리를 체험하지 않은 자가 누구인가? 1945. 7. 3

227

소문에 귀기울이지 말라. 그러나 소문을 들었다고 해도 믿지는 말라. 1945. 7. 4

228

우리는 우리를 칭찬하는 소리에 귀기울이지 말고, 우리의 잘못과 실패를 비판하는 소리를 잘 들어야 한다. 1945. 7. 5

229

언제가 나이고, 언제가 하나님인가? 이것을 결정하는 데 우리의 지혜의 증험證驗이 있다. 1945. 7. 6

230

신은 하나(one)이시다. 그분은 항상 변하지 않으시고 형태도 없으시다. 우리는 그의 거울이다. 우리가 곧고 순수하면 신은 그렇게 우리 속에 비치신다. 만일 우리가 삐뚤어지고 타락하면 그분의 모습도 그와 같이 왜곡된다. 그러므로 우리는 모든 면에서 항상 깨끗하고 순수해야 한다. 1945. 7. 7

231

충성을 맹세하는 것과 충성을 바치는 것은 다른 일이다. 1945. 7. 8

232

고독을 자발적으로 찾는 사람만이 고독의 매력을 안다.

1945. 7. 9

233

모든 사람의 발의 먼지와 같은 사람이 신과 가까운 사람이다.

1945. 7. 10

234

반성 없이 생각하거나 말하거나 쓰지 말라. 그렇게 해서 얼마나 많은 시간을 아낄 수 있는지 생각해 보라. 1945. 7. 11

235

우주가 자아 속에 있는 것과 같이 인도도 마을(villages) 속에 있다. 1945. 7. 12

236

인도가 한 마을 속에 살아 있다면 하나의 이상理想 마을을 만들자. 그러면 그것이 전국의 모범이 될 수 있다.

1945. 7. 13

237

인도를 마을의 관점에서 본다면 우리가 하는 일은 대부분 소용없는 것처럼 보인다. 1945. 7. 14

238

삶은 즐기고 놀기 위한 것이 아니다. 오히려 하나님을 실현하고 인간에게 봉사하기 위한 것이다. 1945. 7. 15

239

삶이 진정 인간에게 봉사하고 하나님을 실현하기 위한 것이라면, 그 삶을 순수하고 절제 있게 지키는 것이 우리의 의무이다. 1945. 7. 16

240

세속적인 사람은 우주를 거의 이해할 수 없다. 그 이해란 기껏 바다 속 물고기가 바다의 깊이를 잴 수 있는 정도일 뿐이다. 1945. 7. 17

241

테 바하두르Tegh Bahadur 스승은 말씀하신다. "악을 행하지 않는 것이 삶의 유일한 참 법칙이다." 1945. 7. 18

242

삶은 불확실하지만, 죽음은 확실하고 분명하다.(나낙, Nanak) 1945. 7. 19

243

진리는 마음속에서 찾음으로써 발견될 수 있는 것이지 논쟁이나 토론으로 찾아질 수 있는 것이 아니다. '진리' 대신 '하나님'이라 해도 그것은 마찬가지다. 1945. 7. 20

244

나낙은 "하나님은 모든 이의 마음속에 있고 각 사람의 마음이 하나님의 성전이다"라고 말한다. 1945. 7. 21

245

하나님이 모든 사람의 마음속에 계신다면 감히 누가 누구를 미워한단 말인가? 1945. 7. 22

246

나낙은 "우리가 하나님의 법에 복종하면 사람이 만든 법이 필요 없다"고 말한다. 1945. 7. 23

247

나낙은 "이 세상에 사는 우리 모두는 한 가족이며 우리는 다른 사람을 위해 살아야 한다고 하나님은 명령했다"고 말한다. 1945. 7. 24

248

에고이즘egoism이 가지고 있는 어두움은, 어둠 자체보다 더 꿰뚫을 수 없다. 1945. 7. 25

249

이 에고이즘의 어두움을 어떻게 걷히게 할 수 있을까? 철저한 겸손의 빛으로써. 1945. 7. 26

250

슬픔은 기쁨의 다른 한 면일 뿐이다. 따라서 슬픔 다음에는 반드시 기쁨이 따른다. 1945. 7. 27

251

기쁨과 슬픔이 서로 연속해서 교차하는 한 쌍인 것처럼 인생의 모든 것이 다 그렇다. 그러니까 마음의 진정한 평화를 얻으려면 상대되는 쌍을 초월하지 않으면 안 된다. 1945. 7. 28

252

자아(Self)의 참된 가치를 깨닫지 못하고 또 그것을 보호할 수 없는 사람이 어떻게 삶의 다른 것을 보호할 수 있을까?

1945. 7. 29

253

참되다면 한 마디 말로 충분하다. 그러나 참되지 못한 말은 아무리 많아도 아무 가치가 없다. 1945. 7. 30

254

참된 말의 힘은 사람을 이기적인 면에서 무사無私한 면으로 바꾸는 것이다. 1945. 7. 31

255

자신의 마음속에 라마Rama가 머물고, 그 라마가 머물러 있음을 늘 알고 있는 사람만이 살아 있는 사람이다. 1945. 8. 1

256

참된 지식은 단순히 경전을 읽기만 해서는 얻을 수 없다. 진정한 덕의 실천 없이 얻기 어렵다. 1945. 8. 2

257

삶의 모든 순간에 번쩍 깨어 있지 않으면 결코 진리를 얻을 수 없다. 1945. 8. 3

258

사챠그라히Satyagrahi에게는 권리와 같은 것이 있을 수 없다. 그에게는 오직 하나의 권리—봉사의 권리가 있을 뿐이다. 1945. 8. 4

259

그러므로 사챠그라히는 결코 권리를 찾지 않는다. 그에게 권리란 찾음 없이 찾아오는 것이다. 1945. 8. 5

260

비진리의 독毒 한 방울이 진리의 우유 바다를 통째로 못 먹게 만든다. 1946. 8. 6

261

"여자가 남자에게서 태어나듯이 남자는 여자에게서 태어난다"고 나낙은 말한다. 그런데 왜 이 세상에서 성적性的 타락을 보아야 하나? 1945. 8. 7

262

나낙이 차가운 곳(野外)에 누워 있었다. 친절한 집주인이 그에게 "아름다운 달마샤라Dharmashala(쉬는 집)가 있는데 왜 거기로 가지 않습니까?"라며 청했다. 나낙이 대답했다. "전 지구가 내 쉬는 집이고 하늘이 그 지붕입니다."

1945. 8. 8

263

나낙은 말한다. "행복에 대한 갈망은 정말 병이다. 슬픔, 고통이 그 병을 고치는 약이다." 1945. 8. 9

264

나낙은 다시 말한다. "네가 남에게 무엇을 주든지 그것은 다 네 것이며, 네가 가지고 있는 것은 모두 네 것이 아니다."

1945. 8. 10

265

우리가 무엇을 먹든지 우리는 남의 입에서 뺏아 먹고 있는 것이다. 그러므로 무엇을 손에 넣을 때는 그것이 참으로 필요한 것인지 깊이 생각하고, 필수품은 될수록 적게 하자.

1945. 8. 11

266

나낙은 말한다. "이마의 땀을 흘려 자기 밥을 벌고 그렇게 얻은 것을 남과 나누어 먹는 사람은 참으로 정직하다고 불러 줄 수 있다." 1945. 8. 12

267

나낙은 말한다. "자신에게 탐닉하면 할수록 더 불행해진다."
1945. 8. 13

268

성 캐서린(St. Catherine)은 돈이 없었다. 입고 있는 외투뿐이었는데 가난한 사람이 달라고 해서 주어 버렸다. 그러자 어떤 사람이 성 캐서린에게 물었다. "이제 어떻게 돌아다니시렵니까?" 그녀는 대답했다. "사랑의 옷이 그 외투보다 더 안전하게 나를 덮어 줄 것입니다." 1945. 8. 14

269

돈만이 기념관을 세울 수 있다— 이 그릇된 생각이 얼마나 큰 손해를 끼쳐 왔는가! 오늘, 마하데브 데 사이의 주기週忌를 닥쳐 이 생각이 떠오른다. 1945. 8. 15

270

나낙은 말한다. "꿈은 영혼(Atma)이 감각을 도구로 사용하고 있다는 사실의 증거이다. 그러나 감각이 영혼의 도구가 되는 것은 영혼이 감각을 관리하고 있을 때뿐이며, 그러고 나면 영혼은 파라마트마Paramatma(절대혼)와 하나가 되리만큼 성숙해진다." 1945. 8. 16

271

배고픔의 고통은 위를 채워서 덜어지는 것이 아니다. 그 아픔은 약처럼 약간의 음식을 먹은 다음 그것으로 만족할 때 극복될 수 있다. 1945. 8. 17

272

두려움은 에고ego를 전멸시킴으로써만 사라진다.

1945. 8. 18

273

오늘날 신문 읽기란 고역苦役이다. 신문은 옳은 뉴스를 전하지 못하고 있다. 신문을 읽지 않는다고 잃을 것은 하나도 없다. 1945. 8. 19

274

가능한 것을 불가능하게 만드는 것은 쉽지만, 불가능한 것을 가능하게 하는 것은 어렵다. 1945. 8. 20

275

불가능한 것처럼 보이는 것이 정말 늘 그런 것만은 아니다.

1945. 8. 21

276

한 사람은 하나님을 자기 편으로 삼고 있는데 다른 수백만의 사람들은 사탄을 그들의 편으로 하고 있다고 하자. 그렇다고 그 한 사람이 수백만의 사람을 무서워해야 할까?

1945. 8. 22

277

하나님이 양쪽 모두의 편이라면 누가 누구를 두려워해야 하는가? 1945. 8. 23

278

하나님을 기억하는 사람은 그의 모든 것을 잊어버릴 수 있다.

1945. 8. 24

279
하나님은 잊어버리면서 그 외의 모든 것을 기억하는 사람은 아무것도 기억하지 못한다. 1945. 8. 25

280
하나님을 잊은 사람은 자기 자신을 잊은 사람이다.
1945. 8. 26

281
영혼이 있으면 분명히 절대의 혼(하나님)도 있다.
1945. 8. 27

282

우리는 육체적인 존재이므로 하나님의 인격에 대한 어떤 개념도 가질 수 없다. 1945. 8. 28

283

비폭력에 대한 신념 없이 어떻게 진리를 믿을 수 있을까? 비폭력을 실천에 옮기지 않으면 진리도 존재할 수 없다.
1945. 8. 29

284

목적을 위해 폭력을 행사하는 사람이 말이나 행동에 거짓을 행하는 데 주저할 리 있겠는가? 1945. 8. 30

285

사람에게는 입의 말로 행하는 것이 있고, 침묵을 지킴으로써, 또 행동으로 해야 할 것이 있다. 사람이 행하는 모든 것이 지식으로 확인된다면 그것이 정말 행동이다. 1945. 8. 31

286

죄를 '크다', '작다'로 구분할 수 있는 것으로 생각하는 잘못을 저질러서는 안 된다. 1945. 9. 1

287

도둑질을 하는 사람, 도둑을 돕거나 교사한 사람, 단지 도둑질을 할 의도만이라도 가진 사람, 이 세 사람은 모두 도둑이다. 1945. 9. 2

288

내가 한 것은 작은 잘못이고 남이 한 것은 큰 잘못이다— 이렇게 생각하는 사람은 깊은 무지 속에 살고 있는 것이다.

1945. 9. 3

289

'부끄럽다'는 그릇된 감정을 가지고 잘못을 저지른 사람은 이중의 잘못을 저지르는 것이기 때문에 신 앞에 설 수 없을 것이다. 1945. 9. 4

290

하나님을 그 증인으로 삼아 생각하고 말하고 행동하는 사람은 옳은 일을 하면서 결코 부끄러워하지 않는다.

1945. 9. 5

291

비록 어떤 일이 전적으로 적절하지 않더라도 그것을 진심으로 믿는 사람에게는 그 일이 옳고 적절한 것이 되는 것이다.
1945. 9. 6

292

하나님의 존재를 의심하는 사람은 망한다. 1945. 9. 7

293

하나님의 존재를 부인하는 사람은 자신의 존재를 부인하는 것이다. 1945. 9. 8

294

짐승과 같이 행동하는 사람은 짐승보다 더 나쁘다. 짐승 같은 행위는 짐승에게는 자연스럽겠지만 인간에게는 그렇지 못하기 때문이다. 1945. 9. 9

295

여자라고 어쩔 수 없는 것은 아니다. 여자가 남자보다 약하다고 여겨서는 절대 안 된다. 그러므로 여자가 남자의 자비를 구해서도 안 되고 남자에게 의지해서도 안 된다. 1945. 9. 10

296

왕자나 거지나 모든 사람은 자신의 양심을 지키고 수행해야 할 의무가 있다. 그러므로 이들 안에 슬픔과 기쁨이 어찌 없을 수 있겠는가? 1945. 9. 11

297

사람들은 흔히 친구가 누구이며 적이 누구인지를 모르는 수가 많다. 이것은 얼마나 이상한 일인가! 1945. 9. 12

298

모국어를 얕잡아 보는 것은 어머니를 업신여기는 것과 같다. 1945. 9. 13

299

땅에 앉은 사람을 누가 더 낮은 자리에 앉히려 할까? 그와 같이 스스로 모든 사람의 종이 된 사람을 누가 자신의 종으로 만들 수 있겠는가? 1945. 9. 14

300

사람이 자신을 분노에 맡긴다면 자기 자신을 해치는 결과를 낳게 된다. 이 진리는 일상의 경험으로 알 수 있다.
1945. 9. 15

301

매일매일이 새로운 삶이다. 이 지식은 우리 자신을 향상시키는 데 도움이 된다. 1945. 9. 16

302

우리가 행복을 쫓아가면 행복은 우리를 피해 간다. 사실 행복은 내부로부터 오는 것이다. 행복은 밖에서 살 수 있는 물건이 아니다. 1945. 9. 17

303

친구가 나와 정신적으로 다르다는 것을 알았을 때, 얼마만큼이나 그 친구와 행동을 같이 해야 하느냐가 문제가 된다.
1945. 9. 18

304

화나는 일이 있는데도 화내지 않는 사람만이 분노를 이겼다고 말할 수 있다. 1945. 9. 19

305

마음속에는 분노가 차 있는데 밖으로 나타내지 않았다고 분노를 정복한 것이 아니다. 침착하게 분노의 뿌리와 가지를 모두 뽑아 버리는 것이 진정한 정복이다. 1945. 9. 20

306

소화불량 같은 것만이 열이 나게 하는 원인은 아니다. 분노하는 것도 열이 나게 할 수 있다. 1945. 9. 21

307

다른 사람을 정복하는 것이 자신을 정복하는 것보다 더 쉽다. 왜냐하면 다른 사람을 정복하는 것은 외적인 방법으로도 가능하지만, 자기를 정복하는 것은 오직 자신의 정신을 통해서만 가능하기 때문이다. 1945. 9. 22

308

종교가 기계적으로 되면 더 이상 종교가 아니다. 1945. 9. 23

309

종교는 생활 속에 젖어들었을 때에만 종교라 부를 수 있다. 종교가 옷과 같아서는 안 된다. 1945. 9. 24

310

돈이 신이다—이렇게 말하는 것은 잘못이다. 그리고 이 잘못이라는 것은 증명되어 왔다. 1945. 9. 25

311

하나의 규칙을 업신여기면 모든 규칙을 업신여기게 된다. 왜냐하면 모든 규칙은 하나의 기반을 가지고 있기 때문이다—규칙을 어기는 것은 자기 억제를 깨뜨리는 것이다.

1945. 9. 26

312

모든 인간 활동은 '자아의 실현'에 초점이 맞춰지며 또 그래야만 된다. 그래서 이 자아 실현 속에 하나님의 실현이 감추어져 있는 것이다. 1945. 9. 27

313

사람이 하나님을 받들면서 동시에 그분의 동료인 인간을 경멸할 수는 없다. 1945. 9. 28

314

인간의 됨됨이는 진정 마음의 겸손함을 통해 알 수 있다.
1945. 9. 29

315

어떤 시인이 말하기를 지식이 없는 인간은 동물과 같다고 했다. 그 지식이란 무엇인가? 1945. 9. 30

316

지식은 사람으로 하여금 자아를 알 수 있게 하는 것이다. 다른 말로 하면 지식은 자아 실현을 뜻한다. 1945. 10. 1

317

"하나님의 사람은 슬픔에 잠긴 사람에게 친절하고 관대하지만, 그 마음이 자만심에 젖어 있지는 않다." 우리의 모든 행위를 격려하는 분이 바로 하나님이시라면 어디에 자만이 있겠는가? 1945. 10. 2

318
믿음에는 절망할 여지가 없다. 1945. 10. 3

319
실생활에 도움이 되지 않는 것이 어떻게 종교일 수 있겠는가? 1945. 10. 4

320
종교의 옷을 입는다고 악덕이 덕이 되는 것이 아니며 옳지 않은 일이 옳은 일이 될 수도 없다. 1945. 10. 5

321
서약한 말을 깨는 것보다는 망하는 것이 낫다.(툴시다스)
1945. 10. 6

322
딸기가 수백만 개 쌓여 있다 하더라도 산과 같을 수 없는 것처럼 진실하지 않은 것이 죄가 아닐 수는 없다.(툴시다스)
1945. 10. 7

323
구루Guru(스승)는 완전해야 한다. 하나님만이 완전한 구루다. 1945. 10. 8

324

전혀 교육받지 못한 사람을 가르치는 것은 쉽다. 그러나 조금이라도 지식이 있는 사람을 이해시키는 것은 어려운 일이다.
1945. 10. 9

325

규칙을 모르고 그 규칙을 지키지 않는 사람은 민중의 충복이 될 수 없다. 1945. 10. 10

326

사람이 하나님(Ramanama)을 입으로 부르다가 침대에 들자마자 곧 잠들어 버리는 것은 무집착의 증거이다.
1945. 10. 11

327

나르신하 메타Narsinha Mehta는 말한다. "나는 이런 일을 했고 또 저런 일도 했다고 말하는 것은 가장 무지한 일이다. 무집착의 열쇠는 이러한 진리를 묵상하는 데서 얻어진다."
1945. 10 12

328

병든 몸은 견뎌 낼 수 있지만 병든 마음은 견딜 수 없다.
1945. 10. 13

329

자신의 좋은 점을 찾아 남에게 자랑하는 것보다 더 졸렬한 일이 있을 수 있을까? 1945. 10. 14

330

남의 잘못만 보는 것은 자신의 좋은 점을 칭찬하는 것보다 더욱더 졸렬한 일이다. 1945. 10. 15

331

감각의 대상은 오고 간다. 기억해야 할 것은 그 대상이 우리를 떠나면 비참해지지만 우리 스스로 그 대상을 버리면 행복하고 즐거워진다는 점이다. 1945. 10. 16

332

이기利己를 무사無私로 잘못 보는 것은 재칼jackal(여우와 늑대의 중간형)을 사자로 잘못 보는 것과 같다.

1945. 10. 17

333

"거리를 두고 보면 매력이 있다"는 말은 산의 경우만이 아니라, 삶의 모든 것에 있어서도 실제로 그럴 듯한 말이다.

1945. 10. 18

334
순결은 불결과 맞붙었을 때에만 그 진위가 판명된다.
1945. 10. 19

335
순결하다는 것이 사실이라면 다른 모든 덕에 대해서도 사실이다. 비폭력은 폭력에 직면했을 때 그 진위가 판명된다.
1945. 10. 21

336
악은 어둠 속에서 번식한다. 그것은 대낮의 환한 빛 속에서는 사라진다. 1945. 10. 21

337
비폭력, 진리 등은 자명한 것이다. 그렇지 않으면 진짜일 수가 없다. 1945. 10. 22

338
관용이 반드시 정의로 조화를 이루는 만큼, 정의는 반드시 관용으로 조화를 이루어야 한다. 1945. 10. 23

339
자신의 판단이 틀림없는 분만이 벌을 줄 수 있다. 하나님 이외에 누가 그럴 수 있는가? 1945. 10. 24

340
말을 해야 할지 말아야 할지 고민이 된다면 말 대신 침묵을 택해야 한다. 1945. 10. 25

341
종교는 이 음식은 먹고 저 음식은 피하는 데 있는 것이 아니라, 자신 속에서 하나님을 실현하는 데 있다. 1945. 10. 26

342

다른 사람이 내가 하는 대로 똑같이 따라 하기를 기대한다면 그것은 종교가 아니다. 예를 들어 아힘사Ahimsa(비폭력)의 종교는 반대로 힘사Himsa(폭력)에 직면했을 때에만 증명될 수 있다. 1945. 10. 27

343

"인간의 삶은 물 위에 쓴 말처럼 덧없다"고 타밀Tamil 시인이 말했다. 이 말은 거듭 생각해 볼 필요가 있다. 1945. 10. 28

344

술은 사람을 순간적으로 미치게 하지만, 자만은 인간을 완전히 좀먹는다. 자신은 그 사실조차 알지 못하도록.
1945. 10. 29

345

덕이란 혼자 하는 싸움 속에 있다. 적대자가 하나이든지 많든지 간에. 1945. 10. 30

346

삶의 기술을 모르는 사람은 죽음의 기술도 알 수 없다.
1945. 10. 31

347

삶의 기쁨은 삶의 걱정거리를 벗어 던지는 데 있다.
1945. 11. 1

348

과거는 우리에게 속해 있지만, 우리는 과거에 속해 있지 않다. 우리는 현재에 속해 있다. 우리는 미래를 창조하는 사람이지만, 미래에 속해 있지는 않다. 1945. 11. 2

349

진정으로 봉사하는 사람만이 훌륭한 가장家長이다. 그런 사람은 대가를 기대하지 않고 계속 줄 뿐이다. 1945. 11. 3

350

겨자씨만큼의 작은 잘못도 숨기려 할 때는 산만큼 커진다. 그러나 솔직하게 고백하면 그 잘못은 없어진다. 1945. 11. 4

351

신앙은 이성理性을 초월하지만 이성에 반대되지는 않는다.
1945. 11. 5

352
개개인들 사이 혹은 민족들 사이의 만灣에 다리를 놓는 것보다는 차라리 나라와 나라 사이의 바다를 가로지르는 것이 더 쉽다. 1945. 11. 6

353
사람이 쾌락에 빠지면 그 방종이 사람을 깎아 먹는다.
1945. 11. 7

354
시간이 가면 누구나 늙는다. 그러나 욕망만은 젊은 그대로 있다. 1945. 11. 8

355
불규칙은 무집착과 결코 사이가 좋을 수 없다. 1945. 11. 9

356

올바르게 행동하는 것을 부끄럽게 여기는 사람은 결코 올바르게 행동하지 못한다. 1945. 11. 10

357

욕심 많은 사람, 음탕한 사람, 화내는 사람, 술고래는 비두라 Vidura가 종교에 관심이 없는 것으로 꼽은 열 가지 부류의 사람 속에 든다. 1945. 11. 11

358

포기해야 할 것은 거저 준다고 해도 하나의 의무로 생각하고 받아들이기를 거절해야 한다. 1945. 11. 12

359

다른 사람이 전혀 모르는 죄라도 자기 의지로 털어놓고 정말 그 죄를 부끄럽게 여기는 사람은 아무도 그를 부끄럽게 만들 수 없다. 1945. 11. 13

360

순수하고 꿈 없는 잠은 사마디Samadhi(명상)요, 요가 Yoga(마음의 집중)이며, 무사無私한 행동이다.

1945. 11. 14

361

진심으로 열심히 믿는 신앙인에게는 아무것도 불가능한 것이 없다. 1945. 11. 15

362

진실한 신앙인은 늘 하나님 안에 빨려 들어가 있다.

1945. 11. 16

363

하나님께 빨려 들어가는 사람은 하나님 이외의 다른 사람이나 다른 것에 빨려 들어갈 수 없다. 1945. 11. 17

364

순례는 가정을 버리고 하는 것이 아니라고 한다. 그러나 사실대로 말하자면 순례는 가정을 완전히 포기한 뒤에만 가능한 것이다. 1945. 11. 18

365

총을 맞고 나면 총에 대한 두려움이 없어진다. 사랑의 굴레도 점점 무거워지지만 굴레로 느껴지지 않는다. 1945. 11. 19

366

사람의 진정한 적은 여섯이다. 색욕, 분노, 집착, 술취함, 자만, 비탄. 이 적들을 이겨 내면 다른 것을 정복하기란 더 쉬워진다. 1945. 11. 20

367

악을 행하는 것이 어리석다는 데는 누구나 동의한다. 그러나 값진 결과를 얻기 위해서 악한 수단을 써도 좋다는 생각은 더 어리석은 생각이다. 1945. 11. 21

368

사람이 자기 능력 밖의 일을 손대지 않는다면 조금도 근심의 여지가 없을 것이다. 1945. 11. 22

369

남에게 이해하지 못하는 일을 하도록 강요하는 것은 혹독한 형벌보다도 더 심한 일이다. 1945. 11. 23

370

내가 어떤 사람을 형제로 여기고 형제로서 사랑했다. 그 후 그는 내 형제가 아님을 알게 되었다. 그는 변함없이 그 사람인데 내가 그를 포기한 것이다. 이를 비난할 자는 누구인가?
1945. 11. 24

371

상상할 수 없는 것에 대해 논하는 것이 쓸데없는 일이 아니라면, 그럼 어떤 일인가? 1945. 11. 25

372

미친 사람이 우리 앞에 나타나 식사와 잠자리를 뺏아가면 어떻게 해야 할까? 비폭력의 구제책은 무엇일까? 대답은 간단하다. 사랑의 마음으로 그를 먹고 자게 하는 것이다.

1945. 11. 26

373

일하지 않고 먹는 사람은 훔친 음식을 먹는 것이다.

1945. 11. 27

374

할 일이 없어 굶고 있는 사람이 한 사람이라도 있는 한 누가 편안한 마음으로 먹을 수 있을까? 1945. 11. 28

375

주머니 속에 한 푼이 있다. 어디서 어떻게 얻었는지 자신에게 물어 보라. 그 과정은 너에게 가르쳐 주는 바가 많으리라.

1945. 11. 29

376

배고픈 사람에게는 하나님이 빵의 형태로만 나타날 것이다.

1945. 11. 30

377

벌거벗은 사람에게 왜 옷을 주어 굴욕을 느끼게 하는가? 자신의 노동으로 옷 살 돈을 벌도록 그들에게 일을 주어라.

1945. 12. 1

378
육체적으로 일할 능력이 있는 사람에게 무료로 음식을 제공하는 것은 죄다. 하지만 그들에게 일자리를 만들어 주는 것은 칭찬할 만하다. 1945. 12. 2

379
결코 끊어지지 않고 점점 더 밝아지는 믿음은 마침내 깨달음에 이르고 말 것이다. 1945. 12. 3

380
아름다움은 외관에 있지 않고 진리 안에만 있다. 1945. 12. 4

381

사람이 권력의 힘에 복종하는 것은 개인의 자유를 대가로 지불하는 것이다. 1945. 12. 5

382

권력의 힘이 참을 수 없을 정도로 악해지면, 우리는 그 악에 비폭력적 저항을 하기 위해 개인적 자유까지도 희생해야 한다. 1945. 12. 6

383

사람의 수만큼 많은 종교가 있다. 그러나 종교의 근원으로 가면 진정 모든 종교는 하나라는 사실을 발견한다. 1945. 12. 7

384

어떤 수단을 사용해야 하는지를 주의하면 목적은 저절로 옳은 것이 된다. 다시 말해 수단과 목적에는 차이가 없다고 할 수 있다. 1945. 12. 8

385

잘못을 고백하는 것은 비와 같은 역할을 한다. 비는 더러움을 쓸어 내는데, 고백도 이에 못지 않다. 1945. 12. 9

386

완전한 사람 한 사람은, 진실되지 못한 사람이 다수라 하더라도 그 진실하지 못함을 몰아낼 수 있다. 1945. 12. 10

387
폭력적인 행동에는 한계가 있고 실패하게 마련이다. 비폭력은 한계가 없고 결코 실패하지 않는다. 1945. 12. 11

388
믿음은 상황이 가장 어려울 때 증명된다. 1945. 12. 12

389
폭력은 약자의 무기지만, 비폭력은 참는 자의 무기이다. 1945. 12. 13

390

고결함을 유지하고자 하는 사람은 모든 물질적인 소유를 버릴 준비가 되어 있어야 한다. 1945. 12. 14

391

이 세상의 일에 아무 관심도 없이 오로지 피안의 세계에 잠겨 악기나 연주하면서 지내는 종교는 종교라는 이름을 가질 만한 가치가 없다. 1945. 12. 15

392

강제로 가난하게 된 사람은 그 가난을 스스로의 선택으로 받아들여 즐거워할 수가 없다. 1945. 12. 16

393

순결은 푸르다purdah(여자를 숨겨 두는 제도)가 필요 없다. 순결은 오직 하나님의 보호만을 필요로 한다. 1945. 12. 17

394

의무의 이행을 통해 얻은 권리는 오래 간다. 1945. 12. 18

395

금과 다이아몬드는 땅 속에 묻혀 있는 한 아무에게도 소용이 없다. 인간의 노동으로 그 귀금속을 파내야 가치가 생기는 것이다. 이렇게 볼 때 그 귀금속을 만들어 내는 사람이 바로 노동자이다. 1945. 12. 19

396

먹고 마실 권리가 내게 있는 것과 똑같이 나는 내 식대로 내 일을 할 권리가 있다. 이것이 스와라지Swaraj(자치)이다.
1945. 12. 20

397

다른 사람의 견해를 알려고도 하지 말고, 그 사람의 의견을 내 의견의 기초로 삼으려고도 하지 말라. 독립적으로 혼자서 생각하는 것은 두려움이 없다는 표시이다. 1945. 12. 21

398

하나님이 우리의 보호자시며 동반자시라면, 폭풍우가 아무리 무섭고 어둠이 아무리 깊더라도 무엇 때문에 누구를 두려워하겠는가? 1945. 12. 22

399

완전한 비폭력에는 미움도 완전히 없다. 1945. 12. 23

400

비폭력은 다수의 선善이 아니라 전체의 선을 위해 일한다. 비폭력을 따르는 사람들은 전체의 선을 얻기 위해 필요하면 자신의 목숨을 희생할 준비가 되어 있어야 한다.

1945. 12. 24

401

기도에는 목소리가 아니라 진심이 필요하다. 진심이 없는 말은 의미가 없다. 1945. 12. 25

402
순결은 어떤 외부의 보호도 요구하지 않는다. 1945. 12. 26

403
우리의 가장 큰 적은 외국이 아니며, 그렇다고 다른 누군가도 아니다. 우리의 적은 우리 자신, 즉 우리의 욕망이다.
1945. 12. 27

404
다른 사람의 노예가 되지 않기를 바라는 사람은 하나님의 노예가 되어야 한다. 1945. 12. 28

405

폭력은 결단코 버려야 한다. 왜냐하면 폭력이 성취하는 듯 보이는 선은 오직 외적인 선일 뿐이요, 폭력이 가져오는 해로움은 영원하기 때문이다. 1945. 12. 29

406

인간은 그의 사상의 화신化身이다. 1945. 12. 30

407

진실한 종교는 지역적인 한계가 없다. 1945. 12. 31

생각
3

1946. 1.1.~12. 31

408

백지 한 장을 보면서 어느 면이 정면이고 어느 면이 뒷면인지 말할 수 없다. 이는 비폭력과 진리의 관계와 같다. 진리는 비폭력 없이는 존재할 수 없다. 1946. 1. 1

409

죽은 사람의 시체를 동물 시체와 함께 무덤에 묻는다면 비탄스런 일로 여기리라. 그러나 생각해 보면 이런 비탄스런 행동으로부터 행복한 상태, 즉 모든 생명의 하나됨이 이루어지는 것을 알 수 있다. 1946. 1. 2

410

신체적인 약함은 진정한 허약이 아니다. 정신의 허약만이 진정한 허약이다. 1946. 1. 3

411

씨알은 헌신적인 일꾼들을 지키는 참된 둑이다. 이 둑은 결코 무너지지 않는다. 1946. 1. 4

412

진심에서 우러나오지 않은 포기는 오래갈 리 없다.
1946. 1. 5

413

어려울 때 하나님께 가는 사람은 어떤 두려움으로도 고통받지 않는다. 1946. 1. 6

414

성격 형성에 목적을 두지 않는 교육은 아무런 가치도 없다. 1946. 1. 7

415

내적으로나 외적으로 모두 깨끗할 때만 신성神性에 접근할 수 있다. 1946. 1. 8

416
마음의 평정 혹은 무집착은 욕설과 모욕, 심지어 폭행조차도 참을 수 있는 능력을 가지고 있어야 한다. 1946. 1. 9

417
세상 사람의 칭찬이나 비난이 너와 무슨 상관이 있는가? 너의 의무라고 생각하는 일을 해라. 1946. 1. 10

418
용감한 사람만이 용서할 수 있다. 약한 사람은 벌할 수도 없다. 그러므로 용서는 약한 사람한테는 일어나지도 않는다.
1946. 1. 11

419
윤리학과 분리되거나 반대되는 경제학은 금지해야 한다.
1946. 1. 12

420
인간은 육체가 있는 곳에 있는 것이 아니라 정신이 있는 곳에 존재한다. 1946. 1. 13

421
적대자에게 자비를 구하는 것은 비폭력이 아니다.
1946. 1. 14

422

집착하지 않는 사람이 하는 일은 세상이 끝나는 날에도 결코 뒤져 있지 않다. 이것이 무집착의 한 특징이다. 1946. 1. 15

423

집착이 없는 사람은 끝없는 인내심을 가지고 있다.

1946. 1. 16

424

집착에서 떠난 사람은 어떠한 경우에도 분노하는 법이 없다.

1946. 1. 17

425

내 것과 네 것을 나누어 생각하는 사람은 집착으로부터 자유로울 수 없다. 1946. 1. 18

426

무집착의 사람은 아무것도 소유할 수 없다. 1946. 1. 19

427

가능한 최대한의 무집착이 없이는, 어떤 사람이 125세까지 살 수 있다는 것은 생각할 수도 없는 일이다. 1946. 1. 20

428

자기도 모르게 마음이 불결해지는 사람에게 희망이 있다면 그것은 라마나마Ramanama이다. 1946. 1. 21

429

분노가 가라앉은 다음에 한 일만이 그 열매를 맺을 수 있다. 1946. 1. 22

430

우유에 설탕이 섞이는 것처럼 외국인이 원주민과 서로 섞일 때에만 환영받을 자격이 생긴다. 1946. 1. 23

431

단순히 잘못을 고백한다고 해서 그 잘못이 지워지는 것은 아니다. 잘못을 지우기 위해 가능한 무엇이든지 해야 한다. 1946. 1. 25

432
참됨은 반드시 확고한 목적을 동반해야 한다. 1946. 1. 26

433
미신과 진리는 함께 갈 수 없다. 1946. 1. 27

434
마음의 확고부동함 없이는 지각이 생길 리 없다. 1946. 1. 28

435
하나님을 자기의 지주로 삼는 사람을 희망이 없다고 보는 것은 죄다. 1946. 1. 29

436
포기(renunciation)는 참된 기쁨이다. 1946. 1. 30

437

진정한 허약은 외적인 것이 아니라 내적인 것이다.
1946. 1. 31

438

한 성자는 말했다. 우리가 자아 실현에 적합해지고 우리의 외적인 생활을 내적인 생활과 일치시키려면 침묵을 지켜야 한다고. 1946. 2. 1

439

또 그 성자는 마음의 평화가 있는 곳에 끊임없는 내적인 힘이 있다고 하였다. 1946. 2. 2

440

인간은 지성과 그 지성을 넘어서는 내적인 목소리를 부여받았다. 그러나 자기 영역에서는 이 둘 다 필요한 것이다.

1946. 2. 3

441

인생에 있어 성공의 참된 표시는 그 사람이 가지고 있는 부드러움과 성숙함이 성장하는 것이다. 1946. 2. 4

442

사람은 침묵보다 말로써 일을 그르치는 경우가 더 많다.

1946. 2. 5

443

두려움에 의해 지키게 되는 침묵은 침묵이 아니다.

1946. 2. 6

444

세상 사람들이 어떤 사람을 배척할 때 하나님은 그 사람을 친구로 삼으신다. 1946. 2. 7

445

세상은 우리를 약하다고 부를지 모르지만 우리는 우리의 이상을 약화시켜서는 안 된다. 1946. 2. 8

446

외적인 평화는 내적인 평화 없이는 소용없다. 1946. 2. 9

447

슬픔을 노래하는 사람은 그 슬픔을 가지각색으로 몇 갑절 늘린다.

1946. 2. 10

448

우리는 내적인 빛에 축복을 받지 않는 한 옳은 일은 아무것도 할 수 없다. 1946. 2. 11

449

결코 희망을 잃지 않는 자만이 지도자가 될 수 있다.
1946. 2. 12

450

이상에 대한 명상은 이상의 범위를 넓혀 주지는 않지만 그 깊이를 깊게 해 주는 것은 분명하다. 1946. 2. 13

451

자아에 대한 지식은 값을 매길 수 없는 자산인데, 우리는 이를 노력 없이 얻으려고 한다. 반대로 부나 명성 등은 가치가 없는데도 이를 위해서는 무엇이든지 주려고 한다.
1946. 2. 14

452

평화도 결심도 없는 사람이 어떻게 큰 깨우침을 얻을 수 있을까? 1946. 2. 15

453

무사無私가 없이 어떻게 두려움이 사라질 수 있겠는가?
1946. 2. 16

454

우리는 좋은 동료를 찾는다. 그 까닭은 그가 우리 영혼의 양식이 되기 때문이다. 1946. 2. 17

455

겸손이 단순한 가식일 뿐이라면 그 기능을 발휘하지 못한다. 간소한 살림도 마찬가지다. 1946. 2. 18

456

행동도 씨앗처럼 열매를 맺으려면 시간이 걸린다. 1946. 2. 19

457

환경의 노예가 되면 인간의 마음이 무뎌진다. 1946. 2. 20

458

어떠한 경우에도 마음이 흔들리지 않고 평온을 지키지 못하는 사람은 겉으론 평온한 척하더라도 분명 평화롭지 못할 것이다. 1946. 2. 21

459

음악은 목구멍에서만 나오는 것이 아니다. 머리의 음악, 마음의 음악, 감각의 음악 그리고 혼의 음악도 있다. 1946. 2. 22

460

실제로 생활에는 조화가 있어야 한다. 그러면 멜로디가 모든 활동과 행동에 가득 찰 것이다. 1946. 2. 23

461

하나님은 무소부재無所不在이시다. 따라서 하나님께서는 돌과 나무와 벌레와 새와 짐승 등을 통해 우리에게 말씀하신다. 1946. 2. 24

462

너의 속에 있는 것을 왜 밖에서 찾는가? 1946. 2. 25

463

하나님을 떠나면, 그분 밖에서 우리의 존재는 없다.
1946. 2. 26

464

하나님의 무릎을 빼놓고는 우리에게 안전이란 있을 수 없다.
1946. 2. 27

465

천성이 겸허한 사람의 겸손은 물이 아래로 흐르는 것처럼 세상 사람들에게 물과 같은 축복이 된다. 1946. 2. 28

466

현재 우리가 어떤 사람인가는 우리 자신이 만들어 온 것이다.
1946. 3. 1

467

우리의 믿음은 우리에게 빛을 줄 뿐만 아니라 주위를 환하게 밝혀 주는, 늘 타는 램프와 같아야 한다. 1946. 3. 2

468

이기주의는 항상 우리를 걱정하게 만든다. 1946. 3. 3

469

강가Ganga 강은 언제 마를까? 그 근원이 되는 원천에서 잘렸을 때이다. 이와 같이 영혼은 생명의 영원한 원천이신 하나님에게서 잘렸을 때 말라 버릴 것이다. 1946. 3. 4

470

한 마일을 가든 천 마일을 가든 첫 발걸음은 항상 첫 걸음이다. 왜냐하면 첫 걸음을 내딛지 않고는 둘째 걸음을 갈 수 없기 때문이다. 1946. 3. 5

471

별빛 찬란한 하늘과 그만큼 아름다운 마음의 하늘이 있다면 그보다 더 위대한 경이로움을 어떻게 바랄 수 있을까?
1946. 3. 6

472

묵상해 보면 천국은 이 땅에 있지 저 하늘 위에 있지 않음을 알 수 있다. 1946. 3. 7

473

생명의 리듬에 맞추어 걷는 사람은 결코 지치지 않는다.

1946. 3. 8

474

항상 진리의 길만 밟는 사람은 비틀거리지 않는다.

1946. 3. 9

475

이기적인 발언은 늘 거짓으로 여겨지게 마련이다.

1946. 3. 10

476

작건 크건 실수로 죄를 짓는 것은 분명히 나쁘지만, 그 실수를 숨기는 것은 더욱 나쁘다. 1946. 3. 11

477

진리를 철저히 따르려는 사람은 진리를 위해 늘 죽을 준비를 해야 하고 그 때가 오면 생명을 내놔야 한다. 1946. 3. 12

478

자신이 저지른 잘못을 스스로 했노라 인정하지 않는 것은 잘못을 반복하는 일이요, 그 잘못에 숨기는 죄를 더하는 일이다. 1946. 3. 13

479

살 줄도 알고 죽을 줄도 아는 사람만이 진정한 사챠그라히 Satyagrahi가 될 수 있다. 1946. 3. 14

480

라마나마의 잠재 능력에도 한계가 있다. 예를 들면 도둑놈이 라마나마를 외운다고 그의 목적이 달성되리라고 기대할 수 있을까? 1946. 3. 15

481

진정한 행복은 자기가 좋아하는 것을 얻는 데서 오는 것이 아니다. 그것은 싫어하는 것을 좋아하도록 훈련하는 데서 오는 것이다. 1946. 3. 16

482

눈으로는 이것을 보고, 혀로는 저것을 이야기하며, 마음은 또 다른 것을 가지고 있는 사람은 가치 없는 사람이다.

1946. 3. 17

483

죽음이 언제나 우리를 붙잡아 갈 수 있다는 것을 알았을 때, 오늘 할 수 있는 것을 내일로 미룰 권리가 우리에게 있을까?

1946. 3. 18

484
좋은 행동은 지금 당장 하고, 나쁜 행동은 항상 미루도록 해라. 1946. 3. 19

485
하나님을 동반자로 삼은 사람이라면 슬퍼하거나 걱정하거나 애써 다른 동반자를 찾을 필요가 어디 있는가? 1946. 3. 20

486
하나님을 기억하면서 다른 사람을 잊어버리는 것은 다른 사람들 속에서 하나님을 보기 때문이다. 1946. 3. 21

487

생각하면 생각할수록 더욱더 확신하게 되는 것이 있다. 그것은 우리가 진심으로 깨달음을 가지고 외우는 라마나마가 우리 모든 병의 만병통치약이라는 것이다. 1946. 3. 22

488

사랑이나 미움 등도 병이다. 이는 육체적인 병보다 더 나쁜 병이다. 이 병을 라마나마를 빼놓고 어떻게 없앨 수 있을까? 1946. 3. 23

489

마음의 불결은 육체의 불결보다 훨씬 더 위험하다. 그러나 육체의 불결은 마음이 불결하다는 표시이다. 1946. 3. 24

490

하나님에게서 피난처를 발견했을 때의 기쁨을 누가 묘사할 수 있을까? 1946. 3. 25

491

좋은 생각은 향기와 같다. 1946. 3. 26

492

같은 씨앗에서 나온 행동은 모두 서로 하나가 된다.
1946. 3. 27

493
에고ego가 죽었을 때 영혼은 깨어난다. 1946. 3. 29

494
영혼이 깨었을 때 모든 슬픔이 사라진다. 1946. 3. 30

495
두려워하는 사람은 진다. 1946. 3. 31

496
사람은 미소 지음으로써 슬픔을 몰아낼 수 있지, 울면 슬픔이 더해질 뿐이다. 1946. 4. 1

497
하늘 아래 잠들었을 때 누가 그 사람을 도둑질해 갈 수 있는가? 1946. 4. 2

498
사람이 봉사할 수 없는 경우는 삶 속에 한 순간도 없다. 1946. 4. 3

499
반대가 사람을 만든다. 1946. 4. 4

500
속이 깨끗하면 밖도 그렇게 될 수밖에 없다. 1946. 4. 5

501

오늘은 금으로 된 글자로 적어 둘 만한 날이다. 왜냐하면 1919년 4월 6일 인도는 자신을 발견했기 때문이다.

1946. 4. 6

502

사람이 가슴을 헤쳐 놓아야 하나님께서 들어오신다.

1946. 4. 7

503

라마나마는 라마나마를 낭송할 만한 자격을 갖춘 사람들만 돕는다. 1946. 4. 8

504

하나님을 자기 편으로 삼은 사람은 모든 것을 갖게 된다.
1946. 4. 9

505

모든 것을 다 가졌다 해도 하나님을 빼놓은 사람은 아무것도 갖지 못하게 된다. 1946. 4. 10

506

하나님과 함께 살면 어려움이 없다. 1946. 4. 11

507

하나님은 우리의 키요 또 키잡이시다. 1946. 4. 12

508

모든 사람이 선생이 되면 누가 제자가 되겠는가? 그러니 우리 모두 제자가 되자. 1946. 4. 13

509

하나님이 걱정해 주시는데 우리에게 무슨 걱정이 있겠는가? 1946. 4. 14

510

자연적으로 죽는 사람보다 걱정 때문에 죽는 사람이 더 많다. 1946. 4. 15

511

매일 죽는 것보다 한 번 죽는 것이 낫다. 1946. 4. 16

512
인내심을 잃었을 때는 침묵해야 하고, 진정되고 난 후에 말해야 한다. 1946. 4. 17

513
사람이 자기 자신을 깨달았을 때, 그는 구원을 얻은 것이다.
1946. 4. 18

514
겉 살림이 속 살림을 능가할 때 결과는 나빠진다.
1946. 4. 19

515
한 사람의 잔인함은 다른 사람들이 얼마나 잔인하지 않는가 하는 것을 보여주는 척도가 된다. 1946. 4. 20

516

라마Rama를 합당한 태도로 대하지 않으면서 라마나마를 외우기만 하는 것은 소용없는 일이다. 1946. 4. 21

517

완전은 인간의 이상일 뿐 달성될 수 없다. 그 까닭은 인간이 불완전하게 만들어졌기 때문이다. 1946. 4. 22

518

후회하면서 바치는 희생은 희생이 아니다. 1946. 4. 23

519

내면에서 타오르는 촛불은 온 세상을 환하게 한다.
1946. 4. 24

520

다른 사람들은 마땅히 받아들여야 된다고 생각하는 교훈이 자신에게 똑같이 받아들여지지 않는다면 어떻게 되는가?
1946. 4. 25

521

모든 사람이 너를 버릴 때에도 하나님은 너와 함께 계실 것이다. 1946. 4. 26

522

천국이 너희 안에 있고 또 하나님이 너희 안에 계시는데 너희가 무엇을 더 원하는가? 1946. 4. 27

523

인내의 열매는 달다. 1946. 4. 28

524

왜 내 자신의 일을 다른 누군가에게 의지해야 하는가? 1946. 4. 29

525

누구에게 화를 내겠는가? 너희 자신에게 내겠는가? 매일 그렇게 해 보아라. 그럼 다른 사람에게 화를 내겠는가? 그렇게 할 까닭이 어디에 있는가? 1946. 4. 30

526

상반되는 두 가지는 함께 가지고 있을 수도 없고 또 함께 생각할 수도 없다. 1946. 5. 1

527

이상에 접근하면 할수록 우리는 더욱 진실해진다. 1946. 5. 2

528

좋은 생각을 하는 것과 그 생각을 행동으로 옮기는 것은 별개의 일이다. 1946. 5. 3

529

고독이 유익하다는 것은 직접 체험해 봐야 깨달을 수 있다.
1946. 5. 4

530

신앙이란 정반대되는 것이 나타난다 해도 조금도 흔들리지 않고 버티는 것이다. 1946. 5. 5

531

소란은 소란을 몰아낼 수 없다. 침묵만이 할 수 있다.

1946. 5. 6

532

질병 자체보다 질병에 대한 두려움으로 죽는 사람이 더 많다.

1946. 5. 7

533

자기 안에 거룩한 불꽃(spark)을 지닌 사람은 그로 인해 불멸에 이른다. 1946. 5. 8

534

신의 은총으로 불멸을 얻었다는 것은 큰 일이 아니다. 매일매일 살면서 그 의무를 수행하는 것이 더 큰 일이다. 1946. 5. 9

535

나쁜 소식에 당황하지 않는 사람은 좋은 소식이라고 의기충천하지도 않을 것이다. 1946. 5. 10

536

호의를 가지고 만사를 견딜 용기가 없다면, 호의는 절름발이 신세가 될 것이다. 1946. 5. 11

537

우리는 다른 어떤 사람들보다도 나을 것이 없다—이 생각은 참됨과 겸손으로 가득 차 있다. 1946. 5. 12

538

자기의 잘못을 고백하기란 매우 어려운 일이다. 그러나 그렇게 하지 않으면 악을 추방할 길이 없다. 1946. 5. 13

539
기차를 움직이는 것은 기적 소리가 아니라, 증기 속에서 동력화된 힘이다. 1946. 5. 14

540
하나님은 어디에나 계신다. 그러나 우리가 그분이 계심을 진정으로 깨닫기 바란다면 우리 안에서 에고ego를 쫓아내고 그분을 위한 자리(room)를 만들어야 한다. 1946. 5. 15

541
자아가 죽을 때 하나님이 그 빈 자리를 채워 주신다.
1946. 5. 16

542
다른 사람의 잘못을 발견하는 사람은 자신의 잘못을 볼 수 없다. 1946. 5. 17

543

한쪽에는 진리가, 다른 한쪽에는 땅의 지배가 있다면, 마음은 진리를 택하고 땅의 지배를 거절할 것이다. 1946. 5. 18

544

두려움과 이기심의 노예가 되는 것은 사람의 노예가 되는 것보다 더 나쁘다. 1946. 5. 19

545

모든 것이 하나님의 것인데 그분께 무엇을 드릴 수 있겠는가? 1946. 5. 20

546

하나님을 '우리의 구주'라 부르면서 게으름이 늘어간다면 죄를 짓고 있는 것이다. 1946. 5. 21

547
빚은 행동으로 갚는 것이지 말로 갚는 것이 아니다.
1946. 5. 22

548
마음속에 있는 것은 조만간 밖으로 나타나기 마련이다.
1946. 5. 23

549
라마나마만이 인간의 세 겹의 병(육체적, 정신적, 영적)에 대한 치료제이다. 1946. 5. 24

550
라마나마는 라마나마에 충실한 사람에게 머물며 그 사람의 마음속에서 열매를 맺는다. 1946. 5. 25

551
순수한 생각은 연설보다 더 큰 영향력이 있다. 1946. 5. 26

552
불안함과 조급함, 이 두 가지는 병이다. 이 두 병은 생명을 단축한다. 1946. 5. 27

553
화평함과 견고함이 부족한 사람은 하나님을 실감할 수 없다. 1946. 5. 28

554
우리가 우리의 이상을 포기하지 않는 한 이상은 결코 우리를 버리지 않는다. 1946. 5. 29

555

우리가 육체적인 것에 얽매여 있으면서 자아 실현을 바란다면 그것은 마치 달을 구하는 것과 같다. 1946. 5. 30

556

영혼은 선한 이와 짝을 맺지 않으면 말라 버린다. 1946. 5. 31

557

우리의 이웃이 깨끗하지 않다면 개인적으로 깨끗하다 해도 별 게 못 된다. 1946. 6. 1

558

바깥의 깨끗함이 참인 것은 안의 깨끗함도 참이다. 우리의 이웃이 내적으로 불결하면 이는 우리에게도 영향을 미친다. 1946. 6. 2

559

용기는 어떤 특정한 사람의 독점물이 아니라 모든 사람 안에 갖춰져 있다. 다만 모든 사람들이 그 용기를 알지 못할 뿐이다. 1946. 6. 3

560

참을 말하기 위해서는 몇 번이고 심사숙고해야 한다.
1946. 6. 4

561

지식인은 오로지 포기함으로써만 평화를 얻을 수 있다.
1946. 6. 5

562

기차 시간에 늦으면 기차를 놓친다. 우리가 기도 시간에 늦으면 어떻게 될까? 1946. 6. 6

563

하나님을 우리 마음속에 모시면 악한 생각을 할 수도, 악한 행동을 할 수도 없게 된다. 1946. 6. 7

564

사람의 마음이 하늘의 빛으로 채워지면 그가 가는 길에 모든 장애물이 사라진다. 1946. 6. 8

565

삶은 장미꽃밭이 아니다. 온통 가시밭이다. 1946. 6. 9

566

자신의 의무를 조용히 실천하는 기쁨에 비교할 만한 기쁨은 없다. 1946. 6. 10

567

확고부동한 태도로 명상하면 깊이 있는 생각을 가지게 되고, 또 순수하고 성숙한 생각을 가지게 된다. 1946. 6. 11

568

계산하는 마음으로 자아 실현을 이룰 수 없다. 1946. 6. 12

569

라마의 이름으로 라바나Ravana(자이나교의 악신)처럼 행동하는 사람을 무엇이라 부를까? 1946. 6. 13

570

네가 그를 위해 일할 때 그를 섬긴다 할 수 있지, 입으로만 부른다고 그를 섬기는 것이 아니다. 1946. 6. 14

571

무엇을 줄 때는 자신의 가장 진실한 부분을 주어야 한다. 1946. 6. 15

572
매사에 양면이 있다는 것을 알았다면 오직 밝은 면만을 보도록 하자. 1946. 6. 16

573
집착은 순수한 행동까지도 헝클어지게 한다. 1946. 6. 17

574
사람이 우리를 멸망시키려 할 때, 구하러 오시는 이는 하나님이다. 1946. 6. 18

575

낮을 밤으로 바꾸는 사람이 어떻게 집착에서 벗어날 수 있을까? 1946. 6. 19

576

라마나마의 넥타nectar(神酒)를 마시고 싶은 사람은 마음 속에서 색욕, 분노 같은 것을 몰아내야 한다. 1946. 6. 20

577

비록 너의 친척이라 하더라도 그 친척의 잘못을 숨기려 하지 말라. 1946. 6. 21

578
마음의 평정은 모든 지식의 으뜸이다. 1946. 6. 22

579
그 속에 독을 타면, 넥타라도 독으로 변한다. 1946. 6. 23

580
비록 홀로 서 있다 해도 자기 내면의 목소리를 억제해서는 안 된다. 1946. 6. 24

581
이성의 뒷받침이 없는 직관은 절름발이다. 1946. 6. 25

582

강물이 원류源流에서 떨어져 나오면 말라 버린다. 우리도 우리의 원류이신 하나님에게서 떨어져 나오면 그와 같이 된다. 1946. 6. 26

583

순수한 생각은 매우 미묘하면서도 힘이 있어 만물에 퍼지게 마련이다. 1946. 6. 27

584

진리를 믿는 사람은 분별력과 시간에 대한 감각을 갖추어야 한다. 또한 반대편을 완전히 이해할 수 있는 능력도 갖추어야 한다. 1946. 6. 28

585

인간은 죽음의 입 안에 있다. 죽음이 입을 다물면 죽는 것이다. 1946. 6. 29

586

그렇다면 즐거워하고 오만을 부릴 때, 지각은 도대체 어디에 있는가? 1946. 6. 30

587

진리이신 하나님이 우리와 함께 한다면 세상 사람이 우리 편이든 아니든 또 우리가 살든 죽든 무엇이 문제가 되겠는가? 1946. 7. 1

588
네가 하나님 앞에 서기를 원하면 먼저 이기주의(egoism)의 옷을 벗고 그분의 면전에 서야 한다. 1946. 7. 2

589
네가 진실로 겸손하다면, 너희처럼 그런 고행을 닦지 않는 사람을 꿈에서라도 결코 깔보아서는 안 된다. 1946. 7. 3

590
모든 물건을 제자리에 놓지 않는 버릇이 있는 사람은 바보다. 물건을 찾는 데 많은 시간을 허비하기 때문이다. 1946. 7. 4

591
신의 힘이란 어떤 것도 그 힘에 대항할 수 없는 그런 힘이다. 1946. 7. 5

592

우리는 모든 일이 우리에게 좋을 때만 하나님을 찬송한다. 그러나 진정한 신자는 일이 잘못될 때도 하나님을 찬송한다.
1946. 7. 6

593

인간은 자아를 읽음으로써 자기 자신을 발견한다. 1946. 7. 7

594

가지는 자세히 살피면서 뿌리는 보지 못하는 사람은 길을 잃은 사람이다. 1946. 7. 8

595

라마나마의 넥타는 영혼에 기쁨을 주고 몸에서 질병을 없애 준다. 1946. 7. 9

596

사람은 자기 존재의 근원에서 자신을 잘라 버릴 때 죽는 것이지, 몸에서 영혼이 떠날 때 죽는 것이 아니다. 1946. 7. 10

597

끊임없이 명상한다면 둔해지지 않는다. 1946. 7. 11

598

끈질기게 명상하는 사람은 견실하고 분명해진다. 1946. 7. 12

599

한 방울 한 방울이 모여 연못을 채우듯이, 매 순간의 진지한 기도가 영혼을 살찌운다. 1946. 7. 13

600

인간은 그 자체로는 아무것도 아니다. 그러나 하나님에게 자신을 내맡기면 인간은 모든 것이 된다. 1946. 7. 14

601

하나님이 우리의 안내자가 되었을 때는 걱정할 것이 하나도 없다. 1946. 7. 15

602

사람이 참을성을 잃어버리면 비폭력뿐만이 아니라 진리도 잃어버리게 된다. 1946. 7. 16

603

진리와 같은 행복이 없고, 비진리와 같은 불행이 없다.
1946. 7. 17

604

진정한 행복이 어디에 있는지 알면서도 일생을 진리가 아닌 것을 찾는 데 허비하다니, 참으로 알 수 없는 일이다.
1946. 7. 18

605

우리는 무엇을 하든지 간에 어떤 사람을 즐겁게 하거나 불쾌하게 하기 위해서가 아니라 오직 하나님을 기쁘게 하기 위해서 해야 한다. 1946. 7. 19

606

어떤 사람에게 백 번 말해서 귀기울이지 않는다 해도 계속해서 노력해야 한다. 그것이 인내이다. 1946. 7. 20

607

마음에 없이 마지못해 하는 봉사를 받는 것은 고통스런 짐이다. 1946. 7. 21

608
자기 천성을 억누를 때는 매우 조심해야 한다. 1946. 7. 22

609
악한 본성은 억누르지 말고 몰아내야 한다. 1946. 7. 23

610
시간을 절약하려는 사람은 불필요한 일은 하나도 해서는 안 된다. 1946. 7. 24

611
하나님의 법에 복종하는 사람은 하나님의 법과 반대되는 어떤 법에도 구애받지 않는다. 1946. 7. 25

612
자기가 바라서가 아니라 벗을 위해 좋은 일을 포기하는 것은 참으로 옳은 일 아닌가? 1946. 7. 26

613
제일의 봉사는 화장실 청소다. 1946. 7. 27

614
누군가에게 진리를 절실하게 깨닫게 하기 위해서는 지칠 줄 모르는 인내심이 필요하다. 1946. 7. 28

615
폭풍우가 아무리 거세다 해도 바다는 그 잔잔함을 포기하지 않는다. 1946. 7. 29

616

사람이 자기 일을 할 수 없을 때 왜 불안해 하는가?

1946. 7. 30

617

간소한 살림에는 위대함과 선함이 있지만, 부유한 살림은 그렇지 못하다. 1946. 7. 31

618

어떤 위기가 닥쳐도 사랑의 불은 그 위기를 녹일 것이다.

1946. 8. 1

619

몸과 마음과 영혼이 조화되지 않는 한 아무것도 올바로 될 수 없다. 1946. 8. 2

620

진리의 신봉자에게는 칭찬이나 비난이나 같은 것이다. 그러므로 진리의 신봉자는 칭찬에 솔깃해 하지도 않고 비난에 화내지도 않는다. 1946. 8. 3

621

하나님과 얼굴을 맞댄 사람은 말하지 않는다. 정말로 말할 수 없다. 1946. 8. 4

622

사람은 두 눈과 두 귀가 있지만 혀는 하나뿐이다. 그러므로 본 것의 반만 말하고 들은 것의 반만 말해야 한다. 1946. 8. 5

623

인간이 자기를 기만하는 능력은 묘하다. 1946. 8. 6

624

모두 주고 모두 받아라. 1946. 8. 7

625

모두 지키고 모두 잃어버려라. 1946. 8. 8

626

죄에 크고 작음이 어디 있는가? 죄는 죄이지, 달리 생각하는 것은 자기 속임이다. 1946. 8. 9

627

파괴하는 것은 쉽지만 건설하려면 큰 기술과 애쓰는 마음이 필요하다. 1946. 8. 10

628

자기만을 생각하게 될 때는, 다른 사람을 생각해 봄으로써 그 생각에서 벗어나야 한다. 1946. 8. 11

629

많은 일이 인내로 이루어진다. 비록 그 일들이 조급함으로 망쳐진다 해도. 1946. 8. 12

630

간소함은 어떤 것에 영향을 받는다고 되는 것이 아니다. 간소함이 사람의 바탕 속에 깊이 스며들어야 한다. 1946. 8. 13

631

밖에서 뭔가를 찾는다고 자신을 향상시킬 수 없다. 성장의 영역은 안에 있다. 1946. 8. 14

632

순수한 사랑은 모든 권태를 일소시킨다. 1946. 8. 15

633

동물처럼 행동하면서 어떻게 사람답다고 주장할 수 있을까?
1946. 8. 16

634

이성과 믿음이 서로 충돌할 때는 믿음을 택하는 편이 낫다.
1946. 8. 17

635

남의 비난을 두려워하는 사람은 결코 값진 일을 하지 못한다.

1946. 8. 18

636

모든 것이 제자리에 있으면 옳고 적당하나, 제자리에서 벗어나면 부적당해진다. 1946. 8. 19

637

사람은 과장의 올가미에서 벗어날 수 없는 것 같다.

1946. 8. 20

638

주장(도그마)은 참일 수도 거짓일 수도 있다. 하지만 거짓이 도그마를 흔들지(감소시키지) 못한다. 진리는 그 도그마에 영향을 받지 않는 것이다. 1946. 8. 21

639

이해하지 못했다면 어떤 것도 하지 말고 읽지도 말라.

1946. 8. 22

640

강가Ganga 강은 사람의 마음속에 흐르고 있는 것인데, 사람들은 그 속에 몸을 씻지도 못하고 그 효력을 받지도 못한 채로 남아 있다. 1946. 8. 23

641

순수하며 두려움 없고 덕망이 있는 사람만이 희생을 바칠 수 있다. 1946. 8. 24

642
절망은 사람을 좀먹는다. 1946. 8. 25

643
사람이 하나님을 깨달으려면 이기심과 두려움을 없애야 한다. 1946. 8. 26

644
힘에 굴복하는 것은 남자답지 못한 표시이다. 1946. 8. 27

645
빌스Bhils에 대한 진정한 봉사만이 그들의 두려움과 절망을 없애 줄 것이다. 1946. 8. 28

646

무엇보다 침묵하라. 1946. 8. 29

647

지식의 빛은 자만하는 사람에게는 절대 비추지 않는다.
1946. 8. 30

648

강가Ganga 강의 물 없이 갈증을 해소하거나, 하나님 없이 영혼을 만족시키는 일은 모두 불가능한 일이다. 1946. 8. 31

649

반대 없이 어떤 사람도 진보하지 않는다. 1946. 9. 1

650
모든 사람은 자기 존재의 근원을 찾아야 한다. 1946. 9. 2

651
자신을 알지 못하는 사람은 잃어버린 자이다. 1946. 9. 3

652
인간의 몸은 악기와 같다. 원하는 악보는 무엇이든 칠 수 있다. 1946. 9. 4

653
생각은 강철로 된 벽도 뚫는다. 1946. 9. 5

654
죽음 안에 승리가 있다. 1946. 9. 6

655
신념이 배를 저어 간다. 1946. 9. 7

656
죽음의 위협은 늘 있게 마련인데 왜 죽음을 두려워하는가?
1946. 9. 8

657

우리 모두가 미쳤다. 그런데 우리 중 누가 누구를 미쳤다고 할 수 있는가? 1946. 9. 9

658

석판을 깨끗이 닦으면 하나님이 그 위에 손수 깨끗이 써 주신 표식을 보게 된다. 1946. 9. 10

659

야심이 아무리 높더라도 가장 비천하다고 여겨지는 생물까지도 그 야심의 범위 안에 있게 마련이다. 1946. 9. 11

660

하나님과 사탄이 우리 마음속에서 함께 왕위를 차지할 수는 없다. 1946. 9. 12

661

종교를 위한 죽음은 좋은 일이나 광신을 위해서는 죽거나 살아도 좋지 못하다. 1946. 9. 13

662

내적인 힘은 기도로써 자란다. 1946. 9. 14

663

내적인 미를 보게 되면 외적인 미는 무의미해질 것이다. 1946. 9. 15

664

오직 봉사를 위해 보낸 삶만이 열매를 맺는다. 1946. 9. 16

665

내적인 것에는 관심이 없으면서 외적인 것을 위해 노력하는 것은 이상한 일이다. 1946. 9. 17

666

진통을 겪고 있더라도 우리 속에 하나님이 임재하심을 알고 있다면, 모든 것이 우리와 함께 무사할 것이다. 1946. 9. 18

667

대자아(Self)를 더 많이 실현하면 할수록 더 발전하게 된다. 1946. 9. 19

668

괴로운 마음은 궤양보다 더 큰 고통을 가져온다. 1946. 9. 20

669

배고픔의 고통은 지독하다고 한다. 그러나 인간답게 살기 원하면 이 고통까지도 넘어서야 한다. 1946. 9. 21

670

무집착의 경지에 이르기가 얼마나 어려운지는 오직 경험을 통해 알 수 있다. 1946. 9. 22

671

이기주의 속에 모든 문제가 있다. 1946. 9. 23

672

생각 없는 생활은 동물의 생활과 같다. 1946. 9. 24

673

우리는 우리가 도달하고자 하는 그분처럼 우리 자신을 만들어 가야 한다. 1946. 9. 25

674

화를 내고서 그것을 왜 자기 실수라 하지 않고 다른 사람의 실수라고 하는가? 1946. 9. 26

675

산 믿음과 단순히 믿고자 하는 욕심은 큰 차이가 있다. 사람은 이를 몰라서 속는다. 1946. 9. 27

676

모든 사람이 물질적인 지식을 얻는 것은 아니다. 그러나 모든 사람은 영적 지식을 얻을 수 있고, 또 그렇게 하는 것이 의무이기도 하다 1946. 9. 28

677

하나님은 네 개의 팔을 가졌다고도 하고 천 개의 팔을 가졌다고도 한다. 이 모든 것이 단순한 상상임을 보여주는 것이다. 1946. 9. 29

678

우리가 나쁜 생각에 빠지면 그 생각은 사라지지 않고 오히려 우리의 동반자가 될 가능성도 있다. "댜야토 비샨Dhyayato Vishyan". 1946. 9. 30

679

라마나마만을 생각하고 살면 우리의 생각과 행동이 자동적으로 옳게 된다는 것은 단순한, 백 퍼센트 진리이다.
1946. 10. 1

680

사람은 하나님의 일을 해야 한다. 그러나 그 일이 무엇인지를 어떻게 알 수 있을까? 1946. 10. 2

681

진심 어린 기도와 그에 따른 행동은 무엇이 하나님의 일인지를 아는 방법이다. 1946. 10. 3

682

신앙만이 생활의 태양이다. 1946. 10. 4

683

하나님이 너희를 사랑한다면 사람들이 너희를 배척한다고 해서 무엇이 문제가 되겠는가? 1946. 10. 5

684

한 사람이 완전해질 수 있다면 모든 사람이 그렇게 될 수 있다고 생각하는 것이 공평하다. 1946. 10. 6

685

멸망이 어떤 일인지 알면서도 멸망을 좋아하는 사람은 정말 가여운 사람이다! 1946. 10. 7

686

우리는 큰 일을 생각하지 말고, 선한 일을 생각해야 한다.

1946. 10. 8

687

사람들이 우리를 몽상가라 여긴다 한들 무슨 상관이 있는가?

1946. 10. 9

688

125세까지 살 가능성은 희박해져 간다. 분노와 집착을 완전히 이길 수 없는 사람이 무슨 권한으로 그렇게 살 수 있겠는가? 1946. 10. 10

왜 간디인가

내 인생에 가장 큰 영향을 준 한 명을 꼽으라면 나는 간디 선생을 꼽는다. 그는 실천으로나 이론으로나 나에게는 가장 중요한 스승이었고 지금도 그러하다. 간디 선생의 어떤 점이 나의 삶에 그토록 큰 비중을 차지한 것일까? 간디 선생이 그토록 중시했던 진리의 법인, 아힘사(비폭력), 무소유, 무집착의 삶은 흉내 내는 것조차 생각하기 어렵다. 하지만 소박한 일상인의 수준에서 생각해도 간디로부터 배울 것은 너무나 많다. 그 중에서 그의 '단순함'과 '노동과 소박한 삶' 그리고 '공동체와 불복종 운동'에 대해 여러분과 나누고자 한다.

진리 앞에서의 단순함

간디는 지극히 단순한 사람이었다. 그의 유일한 관심은 사트Sat 곧 '진리'였다. 그리고 그에게 진리란 곧 신(God)이었다. 언제나, 어떤 상황에서도, 진리를 따라 살고자 했다. 진리를 위해서라면 그는 어떤 것도 아끼지 않았다. 대개 사람들이 이상과 현실의 괴리 때문에 어려워하는 그런 문제들에 대해 간디 선생은 늘 이렇게 물었다. "그것이 진리인가? 진리이면 가고 진리가 아니면 가지 말아라"고. 그는 이 단순한 진리의 원칙에 따라 일생을 살았다. 톨스토이는 간디와 비슷한 사상을 가졌지만, 사상과 삶의 괴리 때문에 늘 고통과 갈등을 겪었다고 한다. 하지만 간디에게는 그런 갈등이 거의 없었다. 그래서 그는 무척 행복한 사람이었다. 나는 간디의 '진리 앞에서의 단순함'을 너무 닮고 싶었다. 비록 나에겐 아득한 목표이긴 하지만 말이다.

'진리에의 단순함'은 힘이요 아름다움이다. 즉 우리를 앞으로 나아가게 하는 강력한 에너지이고 투명하게 그 모습을 드러낸 아름다움이다. 한편 복잡함이란, 깊이 살펴보면, 흔히 우리의 '탐욕'이나 '두려움' 같은 부정적인 동기들과 은밀히 결합되어 있다. 위대한 사람들은 모두 복잡함을 벗어나 단순함으로 나아간 사람이었고, '한 가지만 바라보고' 단순하게 살아간 사람이었다. 사랑을 위해 혹은 진리를 위해. 간디는 바로 그런 사람 중의 대표적인 인물이었다.

물론 어떤 것이 진리인지 아닌지를 판단하기 어려운 상황도 많다. 간디 선생은 진리를 아는 인간의 힘이 참으로 미약하다는 것을 인정하셨다. 그래서 "진리의 탐구자는 먼지보다도 더 겸손해야 한다"고 하신 것이다. 우리는 모든 능력과 힘을 다해 발견한 진리, 정확히 말하자면 '진리라고 여기는 바'를 부여잡고 살아갈 수밖에 없는 운명이다. 하지만 우리는 사랑, 신의, 공정, 우정 등 인생의 보편적 진리들이 존재함을 알 수 있다. 결국 우리의 문제는 진리를 발견하는 데도 있겠지만, 더 큰 문제는 너무나 자명한 진리조차 쉽게 저버린다는 데 있다. 그래서 간디의 단순함은 내 삶의 거울이다. 유혹에 넘어지고 희망을 쉽게 포기하는 자신을 발견할 때마다, "간디 선생은 이러한 상황에서 어떻게 하셨을까?"라고 자문한다. 대답은 간단하다. "진리이면 가고 비진리이면 가지 말아야지." 나는 더 이상의 변명이나 정당화를 찾지 못하게 된다. 그리고 다시 단순함으로 나아갈 때 나는 힘과 자신감을 회복한다.

노동과 소박한 삶

간디의 진리에 대한 열정은 일상 생활의 지속적인 변화를 통해 드러난다. 그 중의 하나는 '노동과 소박한 삶'이다. 간디에게 '노동과 소박한 삶'은 진리의 한 원칙이다. 간디는 육체노동의 삶을 매우 소중하게 여겼다. "이발사의 삶이 변호사의 삶보다 결코 못하지 않다"는 러스킨의 말을 가슴으로 받아들인 순간, 주저없이 자신이 하던 신문사를 도시에서 '농장'으로 옮겼다. 그는 그 농장을 '톨스토이 농장'이라 이름 붙이고 낮에는 농사를 짓고 저녁에 남는 시간을 이용하여 신문을 발행했다. 이렇게 간디의 일생은 보다 소박한 삶으로의 점진적이고도 끝없는 여정이었다. 영국 신사의 용모에서 시작하여 웃옷조차 걸치지 않는 순례자의 모습에 이르기까지.

하지만 간디의 '노동과 소박한 삶'은 결코 가난으로 찌든 삶이 아니었다. '진정한 자유인'이 되고자 하는 열망의 표현이었다. 그리고 그러한 열망을 실제적으로 가능하게 한 것은 자립적인 능력이었다. 노동과 소박한 삶은 그를 건강하게 만들고 자연과 하나가 되게 하였다. 이는 나아가 생계와 품위 유지를 위해 평생 수고하는 일상인의 경지를 뛰어넘어, 아무런 주저와 두려움 없이 봉사의 삶을 살 수 있게 하는 기반이었다. 얼마나 많은 이들이 자유와 봉사의 삶을 원하면서도 자신의 틀 속에 갇혀 있는가. 나는 이런 간디의 삶에 반했다. 그래서 나는 물질 문명의 풍요에 의존하기보다는 자연과 더 가까운 소박한 삶의 양식을 추구하고자 노력했고 그것이 내 인생을 완전히 바꾸어 놓았다.

공동체와 불복종 운동

간디 선생의 진리 추구는 개인적인 삶 속에서는 명상과 기도를 통한 영적인 추구, '노동과 소박한 삶'을 향한 끝없는 여정으로 나타나지만, 사회적 봉사의 측면에서는 '공동체와 불복종 운동'으로 표현되었다. 간디 선생은 공동체를 만들고 그 속에서 농장과 학교와 신문사를 운영했고, 공동체(사챠그라하 아쉬람) 속에서 민족 해방 운동을 전개했다. 그의 삶은 공동체 없이 설명될 수 없다. 나는 그에게서 공동체 정신을 배웠고 또한 공동체의 운영 방식도 배웠다. '공동체 정신'이란 간단히 말해서 나의 행복이 모든 사람의 행복 속에 포함되어 있음을 깨닫는 것이다. 흔히 이기주의자들과 철저한 개인주의자들은 이것을 모르고 있다. 그러나 사실 내가 아무리 행복하고 싶어도 내 주위의 사람들이 불행하다면 나 역시 행복해질 수 없는 법이다. 내 아내가 불행한데 내가 어떻게 행복할 수 있으며, 내가 불행할 때 내 아내 역시 어찌 행복할 수 있겠는가. 이러한 연관성은 나와 내 이웃 사이뿐만이 아니라 나와 모든 사람 사이에도 적용된다. 나와 상관없이 보이는 사람조차도 그의 불행(혹은 행복)은 나에게 영향을 미치게 마련이다. 도둑이 들끓는 사회에서 부자로 산다는 것을 상상해 보라. 결코 마음이 편하지 못할 것이다. 이 사실은 내가 진정 행복하려면 이 사회 전체가 행복해야 하고 더 나아가 인류 전체가 행복해져야 한다는 것을 말해 준다.

그렇다면 사회 전체를 불행하게 하는 구조적인 악, 예를 들어, 인종 차별, 독재 혹은 제국주의에 대해 우리는 어떻게 해야 할 것인가? 간디 선생은 우리 모두는 이러한 구조악에 '불복종하고 저항해야 할 의무'가 있다고 강조한다. 하지만 개인은 무력하다. 개인의 힘으로 구조악에 저항하는 것은 계란으로 바위 치기와 같은 것이다. 그래서 간디는 항상 '공동체'를 만들어 구조악에 저항했다. 그의 공동체 가족들은 숫자에 있어서는 몇십 명에 불과했지만 수천 수만의 군대보다도 더 강력한 결속력을 가지고 있었다. 그들은 함께 농사를 지었고 함께 신문을 발행했으며 함께 감옥에도 갔다. 나는 어떠한 조직도 이러한 '내적 공동체'의 형성 없이는 껍데기에 불과하다고 본다. 행사(event)는 할 수 있겠지만 삶의 변화는 가져올 수 없을 것이다. 사회 변화를 기대하는 모든 조직과 단체는 간디로부터 공동체를 배워야 할 것이다.

그러나 이러한 공동체를 통한 불복종이 21세기를 살아가는 우리에게 어떤 의미와 중요성을 가질 수 있겠는가? 나는 그 의미를 비인간화와 물신주의 문화로 대표되는 오늘의 주류 문화에 대한 불복종으로서, 그리고 더 나아가 새로운 대안적 문화를 찾아 떠나는 '문화적 불복종' 운동으로 본다. 좀더 강조한다면, 간디의 불복종 정신만이, 돈을 우상으로 삼고 인간을 인간답게 살 수 없게 할 뿐 아니라 지구 생태계 전체를 가까운 장래에 파괴할 오늘의 주류 문화에 대해 진정 "아니다"라고 말할 수 있고, 더 나아가 새로운 대안을 제시할 수 있는 영적이고도 실천적인 힘의 원천이라고 믿는다.

1981년 출판되었다가 이번에 다시 출판되는 『날마다 한 생각』은 간디가 일생을 통해 발견하고 확인한 진리들의 요약이라고 보아야 할 것이다. 여기에는 진주 같은 삶의 원리들이 수없이 많이 들어 있다. 물론 요즈음의 세대가 받아들이기 어려운 것들도 있다. 특히 금욕주의적인 부분들이 그렇다. 하지만 간디가 평생을 통해서 실천한 진리 파악의 노력을 하루아침에 이해하려 하거나 쉽게 비판하려 해서는 안 될 것이다. 자신의 수준에서 이해할 수 있는 단 한 구절이라도 부여잡고 삶을 변화시키려는 노력을 시작해 봄이 좋을 것이다. 한 인간이 걸어갔다고는 도저히 믿기 어려운 그 길을 한번 더듬어 보는 것만으로도 가슴 벅찬 일이다.

미국 유학 시절 캘리포니아 주립대 도서관에서 간디가 쓴 저서와 글들이 도서관 한 구석 전체를 이루고 있는 것을 보고 깜짝 놀랐다. 매우 두꺼운 책으로 따져도 50권은 족히 넘을 양이었다. 그렇게 많은 간디의 글 중의 하나인 『날마다 한 생각』이 우리 사회에 소개되는 것을 보게 되다니 너무나 기쁜 일이다. 이 책은 방향을 잃은 오늘의 시대에 새로운 문화를 찾아 여행을 떠나고자 하는 이들에게 생명의 양식이 될 것이다.

이 책과 함께 간디의 삶과 사상 전체를 보기에 가장 좋은 그의 자서전, 그리고 우리 나라에 아직 번역은 안 되었지만 그의 불복종의 이론과 삶이 잘 드러나 있는 『비폭력적 저항』(*Non-violent Resistance*)을 비롯하여 더 많은 그의 책들이 소개되어 더 많은 사람에게 읽히기를 간절히 바란다.

2001년 7월 21일
양희규(간디학교 설립자)